浮生。半日。里斯本

韓良憶—文　侯約柏 Job Honig —攝影

來自各界的驚豔好評！

○ ○ ○

雖然良憶特別強調如果你是在尋找羅浮宮、香榭麗舍、聖家堂這樣的世界地標，里斯本——或說在這本書裡——你是找不到的，但卻在字裡行間將前往星辰廣場、聖喬治堡的途徑，一句句標示出來。飽滿卻含蓄的，里斯本古色古香一磚一瓦絮絮叨叨的描寫，很難不讓人認為良憶不正是默默在為這歐洲邊陲的城市平反。

繁華鬧區小店主的小生意、腓尼基人住過的老城區、放學時打打鬧鬧吸引少女注意的少年們，在她筆下如浮世繪般幻化為里斯本的居遊印象。

——李欣芸

良憶總謙虛說她只有無用的知識，謝謝她無用的知識總在關鍵時刻提醒我，自己的日常本該如此自由地活著。She is an inspiration.

——易智言

只要爐子上的火點著了，旅人的家就溫暖了，這一直是我在旅行中最美好的想望。我總是說著，良憶姐過著我理想中最夢幻的生活，正如她所說的，「在世界各地假裝著當地人的日常」，過著過著，生命也就成了一頁頁精采無比的篇章，豐盛而富足。

這一次，透過良憶姐不安分而充滿愛的心、溫柔而細膩的眼、殷實又隨性的步伐、挑剔卻又好奇的味蕾，我終於，來到了心嚮神往的葡萄牙里斯本，即便浮生半日，卻是心中美好的片刻永恆。

——路嘉怡

序———
海角天涯葡萄牙

　　因為一條河，在歐洲的西南隅，有個天然的港口成形了。早在兩千多年前，腓尼基水手就來到此處，稱之為「靜港」，那便是如今的里斯本。距今約五百年前，葡萄牙船隊從這港口出發，繞過非洲的好望角，到達亞洲。葡萄牙王國從而掌握自西徂東的航線，逐步成為擁有海上霸權的帝國，也因而啟動良性和惡性皆有之的全球交流。好比說，將火器、麵包和天婦羅的做法帶到日本的，是葡萄牙人；把星盤和四季豆傳入中國，並將中國的絲綢和茶葉輸往歐洲的，也是他們。葡萄牙人還把非洲奴隸運到美洲，更曾經送了一頭大象給教皇！

　　接下來的故事，和我的家鄉大有關連。據說，在不知哪一年哪一月，反正是好幾百年前，葡萄牙水手從南亞航往日本的途中，遠遠瞧見一座綠意蔥蘢的島嶼臥在蔚藍婆娑的海洋上，島上有崇山峻嶺，深入雲霄，整座島嶼林木蓊鬱，綠得像翡翠，眼前的美景讓水手脫口高呼，「Ilha Formosa——美麗的島嶼。」福爾摩沙就這樣成為島的名字。儘管近些年來有歷史學者認為，這只是個美麗但錯誤的傳說，然而我猜想有不少台灣鄉親或跟我一樣，寧可相信那就是事實。

　　傳說也好，史實也罷，總之由於這緣故，我對位處歐洲西南隅、彷彿天涯海角般的葡萄牙，始終感到好奇。旅居荷蘭期間，兩三次動念要赴飛航時間不過三個鐘頭的里斯本一探究竟，卻因為這個那個原因始終無法成行。直到我搬回台灣近兩年後，才終於抓住機會，飛越萬里，踏上斯土。而這一去，我和我的另一半兼旅伴都愛上了葡萄牙，接著下來兩年期間，我們兩度重返，每回都設法待上至少半個月。

當我真的數次造訪里斯本，又數次走出里斯本，親炙葡萄牙大地後，方才發覺從旅人的角度觀之，葡萄牙真是個遭到低估的寶地，稱之為「滄海遺珠」或「隱藏的寶石」（hidden gem）絕不為過。其山川河流或秀麗或奇峻，自然風光之美並不亞於鄰國西班牙乃至義大利或南法，而其人文風景和歷史古蹟之富麗堂皇或巧奪天工，比起其他歐洲國家亦不遜色。至於葡萄牙的食物場景，雖然不如西、義、法出名，卻不表示這個國家沒有美食。葡萄牙的食物風格不走造作路線，日常餐食呈現濃濃的家常味，樸素實在，然而到了星級餐廳，饞人如我又往往訝於其「食不厭精」的程度。

然而，說來說去，葡萄牙最美好的，當是醇厚的人情味，不論是繁華的城市或純樸的小村，晃遊葡萄牙期間，當我們需要幫助時，總是有友善的葡萄牙人主動伸出援手。除了少數的例外，我在葡萄牙旅行期間，總可以仰仗陌生人的善意。

葡萄牙相對低廉的物價，亦是足以吸引旅人的一大亮點。葡萄牙的人均所得在西歐是後段班，因此除了里斯本五星大飯店住宿費用較高外，舉凡公共交通、飲食、景點門票等旅遊消費，都低於西歐和南歐其他國家，套用俗語來說，葡萄牙正是高「CP值」或「性價比」的旅遊目的地。

頭一回從葡萄牙返回台北，我就有股衝動，想要整理心得、寫本書，向尚不知葡萄牙之美的華文讀者推介這個國度。可是才去過一次就說三道四，如此寫出的東西，只怕我自己看了會心虛。於是，書寫計畫就延宕下來，直到我三度居遊里斯本、漫遊葡萄牙後，方覺得時機到了，可以寫寫我在這個國家經歷過、體會到並感到動心的人事物。

於是有了《浮生、半日、里斯本》，這本書既書寫里斯本和葡萄牙北部大城波爾圖，也寫了我去過並喜愛著的其他鄉鎮。由於華文書市有關葡萄牙的旅遊書並不算多，這一回除了敘說旅途所見和居遊心得外，也記錄較多的旅遊資訊，當然無法包羅萬象，但能夠收在書中的，大多是我的心頭好。

　　上路吧，歡迎和我一起漫步里斯本、晃遊葡萄牙。

寫於二〇一八年四月

挪威

瑞典

丹麥

愛爾蘭

英國

荷蘭

波蘭

比利時

德國

捷克

大西洋

法國

奧地利

葡萄牙

西班牙

義大利

地中海

摩洛哥

阿爾及利亞

●吉馬拉什

波爾圖 ●

科英布拉 ●

托馬爾 ●

歐比杜什 ●

辛特拉 ———

 克魯茲

展望堡 ● ● 馬爾旺

● 里斯本

羅卡角 ———

卡斯凱什 ———

● 埃武拉

目錄 Contents

浮生、半日、里斯本

倘若到歐洲旅遊，最主要的目的在於收集景點，名勝古蹟多多益善，通通得到此一遊，拍照留念，那麼里斯本可能並不是最理想的城市。像羅馬許願池、巴黎鐵塔、威尼斯嘆息橋或巴塞隆納聖家堂那樣，上臉書、微博、Instagram等社群網站打卡或自拍，不必多費唇舌便足以引人豔羨的知名地標，里斯本幾乎找不到。

　　又或者你覺得，好不容易來到歐洲，怎麼能夠不大肆血拼，多買幾個名牌皮包，多逛逛百貨公司和時尚服裝店？抱歉了，巴黎、米蘭或倫敦，應該是比里斯本更好的選擇。

　　坦白講，里斯本雖然不乏堂皇華麗的歷史建築，那種許多舉世皆知的超級景點卻不很多，然而只要肯花一點時間用腳去丈量這座城市，願意多用一點心來了解此城的身世，哪怕只有一天乃至半日，可能就會發覺，如此東張西望，悠然徐行，一路所見所聞就算是浮光掠影，也存有乍看並不出奇卻教人玩味的細節，林林總總常在不經意間出現，莫名地感動了你，說不定事隔多年以後某個時刻，因著某個契機，會不期然發現，那一瞬的光影和當時的感觸竟奇妙地還留在心底。

　　好比說，晚春的午後，我們在阿爾法馬（Alfama）迂迴曲折、高低起伏的巷弄之間繞來繞去，似乎是迷路了，突然一個轉彎，眼前豁然開朗，咫尺之外有座平台，那是一片鋪著黑白兩色石板的廣場，居高臨下，俯視著舊城區櫛比鱗次的紅瓦屋頂，而就在約莫兩百公尺的前方，特茹河（RioTejo）波光瀲灩，閃爍著金色的光澤。我三步併作兩步，奔到廣場上，指著那寬廣如一灣海水的河面，對約柏說：「瞧，那就是『麥稈之海』（Mar da palha）。」（見於約翰‧柏格（John Berger）的《我們在此相遇》。）

　　也可能是一個初夏的上午，我們又來到離租屋不遠的小咖啡店。這家小店門面絲毫不起眼，連個明顯的招牌也沒有，而且真的很小，不比只能停一輛車的車庫大多少，除了吧台和三把高腳椅，就只能容納三張小桌

子，然而它有用新鮮的豆子淬煮的咖啡和外皮酥脆的蛋塔，還有一杯只要一歐元的啤酒與一吃便知是自家烹製的炸鱈魚薯泥球，我們這幾天以來，幾乎天天早上都要來喝一杯濃咖啡，有時在小店傍晚打烊前，也會過來，坐在吧台邊，喝一小杯生啤酒，倘若鱈魚球還有剩，那就順便也來一顆。

每逢這時，就很慶幸里斯本這全葡萄牙最富庶的城市，對房租漲幅仍實施若干限制，不讓房東對現有房客任意哄抬房租，這使得開業多年的小店主還能夠繼續在繁華的鬧區經營各種小生意，讓里斯本並未成為街頭只見流行時裝和連鎖商店、快餐館的無趣大都市。

我也依然記得有一個早秋的傍晚，我們參觀完瑪麗亞一世女王埋骨的星辰大教堂（Basilíca da Estrela）後，看天色猶然明亮，清風習習，遂信步越過廣場，走進對面的星辰公園（Jardim da Estrela），在鋪滿細砂的遊樂場邊上，看孩子們溜滑梯、盪鞦韆，瞧三五鴨子在池塘中划水，末了坐在長椅上歇歇腿。

我看見一雙少婦，打扮時尚，推著娃娃車並肩自右方行來。碎石路有點顛簸，她們想來得費點勁才推得動車中看似兩、三歲的幼兒，兩人卻一副輕鬆的模樣，笑語盈盈，說不定人家天天都來這裡散步，早就習慣了。

少婦走過以後，左邊來了應該是剛放學的三、五少年，側揹著雙肩背包，邊走邊打打鬧鬧，想要引起另一側兩個清秀長髮少女的注意。

喧譁聲漸去漸遠，過了沒多久，有位白髮蒼蒼的老先生，一手拄著枴杖，另一手挽著同樣一頭銀絲的老太太，不慌不忙地打我們面前經過，兩人並沒有交談，多年建立的信任和默契卻迴盪在溫暖的空氣中。

我和約柏在這綠蔭環繞的公園裡，就這樣無所事事地坐著，看人，也被好奇的小孩看，才不過半個多小時，便得以窺見里斯本日常生活的吉光片羽，而那不也正是此城的浮生樣貌？

第一次居遊里斯本

頭一回到葡萄牙，行程並不很長，僅僅半個月，一頭一尾都在里斯本，一共待七天七夜，但最後一晚只是便於次晨上午趕飛機。

老實說，出發前，對里斯本的印象多半來自電影和音樂，連旅遊指南都是決定行程後，才上「亞馬遜」訂了一本。由是，對於葡萄牙的首都並無定見，除了想搭一搭古老的電車，逛一逛溫德斯的電影《里斯本的故事》主要場景阿爾法馬外，我僅有的堅持是，不要住旅館飯店，而要租住民宅，小小居遊一番。我始終不甘於只當個走馬看花的觀光客，總希望能淺嘗在異鄉生活的滋味，於是就藉著「居遊」──既居也遊、半居半遊，來假裝自己是當地人，而且是不必上班上學、休假中的「偽居民」。

於是我翻開旅遊指南，查找資訊，裡頭有豐富的情報，景點、食宿、交通、歷史背景、旅遊葡文片語，樣樣不缺，算得上琳瑯滿目，可惜沒有哪一章節告訴我，如果從居遊者的角度看來，這偌大的城市哪一區最能符合需求。

轉而上網搜尋，中文和英文的旅遊網站和部落客貼文，多得讓人眼花撩亂，五花八門的旅遊心得和攻略，更教我不知從何著手。

也罷，就相信直覺吧。我點進網上的里斯本地圖，左瞧右看，反覆思量，最終決定以歷史為本，選擇兩千七百年前便已有腓尼基人居住的古老區域，也就是城堡區（Bairro do Castelo）周遭一帶。我決定以此為家園基地，開始在里斯本居遊。

城堡底下的老屋

第一間居遊租屋坐落在半山腰，背靠聖喬治堡（Castelo de S. Jorge），在三層樓老宅的二樓。由於房屋沿坡而建，地勢高於路面，視野頗佳，自客

廳窗口看出去，近處有一排排應也有百年歷史的住宅樓房，紅瓦屋頂錯落有致，接著是地勢相對平坦的下城區（Bairro da Baixa），稍遠一點就是特茹河和橫跨大河的「4月25日大橋」，這座懸索吊橋看來有點像舊金山的金門大橋，上層行車，下層為鐵軌。客廳的龕式窗台上鋪了白色軟墊，看以隨意地扔了兩只粉彩色靠枕，我喜歡倚坐在那裡讀小說，不時抬起眼，眺望大河和大橋。

房子雖老，但我們住進去時，內部才整個翻修過，相當現代化。簇新的開放式廚房以黑白兩色為主調，簡約大方，平面電磁爐、烤箱、洗碗機和膠囊咖啡機等，該具備的都不缺。有了這樣好看又中用的廚房，接下來的幾天，我樂得享有外食或自炊的選擇權，興致來了就搭城堡電梯（Elevador Castelo*）「下山」，到商業區採買食材，簡單地做了三、四頓飯。

從公寓向左轉，沿著蜿蜒的馬路緩步上坡，十二、三分鐘就可以走到城堡，這裡是里斯本的熱門景點，旺季時遊人如織，向晚時分尤其絡繹於途，都是來欣賞日落美景的。我們住得近，加上窗口就看得見夕陽餘暉，犯不著黃昏時刻來湊熱鬧，於是早上在公寓裡吃了自己做的吐司夾蛋和火腿，喝了牛奶咖啡，不到九點鐘就散步到城堡，大門一開，便買了門票進去參觀，這時團客尚未到達，整座城池沒有多少遊人。

聖喬治堡坐落的這座山頭，在公元前二世紀便建有堡壘，最早的防禦工事則是摩爾人在十一世紀修築。十三世紀里斯本成為葡

* 居民的電梯

不像聖朱斯塔電梯（Elevador do Santa Justa）早已成為熱門旅遊景點，已不再具有交通功能，下城電梯和城堡電梯主要的功能仍在於運輸，便於民眾往返地形落差甚大的下城區和城堡區，可惜一般旅遊指南，並不特意提及這個本地人熟知的交通方式。我們也是在租屋後，經由房東說明，才學會這個省時又最不費力的辦法。

這條路線分為兩段，假設你從 Baixa-Chiado 地鐵站出發，請選下城區 Baixa 那一側的出口，一出地鐵站，直行為人行徒步街 Rua da Vitória，沿街直走到盡頭，便會看到一幢貌似普通辦公樓的樓房（地址：Rua dos Fanqueiros 176），那就是下城電梯（Elevador Baixa）的入口，進了電梯，搭到頂層出來（地址：Rua da Madalena 149），門前是條馬路，請左轉，右邊有一塊小空地，朝右前方看，有一家 Pingo Doce 超市，一邊就是城堡電梯的入口，同樣搭到頂層，出來就是城堡區了（地址為 Calçada do Marquês de Tancos 1）。此二處公共電梯開放時間為早上八點至晚上九點。

萄牙首都後，城堡一度是皇宮，十六世紀初國王在河邊蓋了新皇宮，聖喬治堡失去重要地位，兩百多年後的大地震更對城堡造成嚴重破壞，其現有樣貌其實是近代修復的成果。這裡最吸引人的並不是建築物本身，而是周遭的風景，這裡是里斯本的制高點，沿著城堞晃悠一圈，里斯本城市風光盡收眼底。

十點多，人潮來了，城堡幽靜古老的氛圍就淡了，我們索性掉頭折返公寓，卻過門不入，往馬路的另一頭走去。這條路沿著城堡左側和後方而闢，在地圖上像個半圓形，我們順著時針方向，在城堡底下繞著圈子散步，走著走著，遊客越來越少，我們已離開城堡區的範圍，來到穆拉里亞（Mouraria）。

這裡亦是老區，十三世紀信仰基督教的國王阿方索一世「光復」里斯本後，摩爾人被迫遷居此地，Mouraria的意思其實就是「摩爾人的地區」。有好長一段時間，此地形同「隔都」（ghetto），信奉伊斯蘭教的摩爾人只能在這裡活動。

十八世紀大地震時，除了阿爾法馬外，整座城市就只有穆拉里亞也未受太大衝擊，此區因而也保留較多的中世紀風情，只是穆拉里亞觀光不若前者發達，街景因此較殘破，屋宇保存狀況不是那麼好，處處可見剝落的磁磚、斑駁的牆面、五顏六色的塗鴉。弔詭的是，這般破落的景象反倒賜予其生活氣味與滄桑的風情，在這裡，我似乎見到里斯本更真實的一面。

我們站在好幾條馬路交會的路口遊目四顧，看不見觀光藝品店，倒是有肉舖、藥房和沒有招牌的街坊小咖啡店，有兩、三家餐館和商店掛著中文招牌，甚至還有華人髮廊。我們一路走來，也不時與包著頭巾的穆斯林、黑膚的非裔男女或褐膚的南亞面孔擦肩而過，凡此種種，都讓此處呈現多元種族文化的面貌。

這會兒，我們需要作個抉擇，是要沿著電車軌道路面往下，還是往上走一段回頭路，再繞到城堡的右側？下坡可至Praça Martim Moniz，這座

大廣場以十二世紀圍攻里斯本行動的貴族烈士為名,是28號電車的起站,如今也是華人口中的「唐人街」,據說每天有七千名以上的華人在此地生活和工作。在里斯本居遊時,萬一想念起中式口味,想要自己下廚炒一個青菜或拌碗乾麵,來這兒準沒錯,一出地鐵就有好幾家中國超市和中國小商品批發店。

然而此刻我無意於採買中式食品,於是轉身,沿著電車道一路向上。中文招牌慢慢地不見了,白人臉孔變多了,恩寵區(Bairro da Graça)到了。這裡景點不多,但因為恩寵修道院前有座居高臨下的觀景台(Miradouro),視野雖沒有城堡那麼壯觀,好處是不收門票,樹蔭下還有露天咖啡座,讓人可以看風景、喝咖啡、聊是非,所以也吸收了部分觀光人潮。

我們走了一早上,腳有點痠了,卻不打算上觀景台歇歇腿、喝喝咖啡。繼續往前走吧,再一會兒就是城外聖文生修道院和教堂(Mosteiro de São Vicente de Fora),那一帶有小咖啡館和糕餅店,顧客中除了像我們這樣的過路遊客以外,本地人更多,在我看來,它們可比主要招待觀光客的露天咖啡座更具有地方風味,要喝東西,到那兒再喝好了,還可以順便吃兩、三塊點心,好比鱈魚薯泥餅和油炸咖哩餃,就是一頓簡單的午餐。再說,倘若碰上週二或週六,教堂後方就是露天跳蚤市場(Feira da Ladra),雖然有不少攤位賣的不是別處也有的土產紀念品,就是依我看簡直是雜碎的玩意,但面積不小的市場中也仍有攤位在販售真正的手工藝品、二手衣和頗有些年代的老東西,熱愛在二手市場淘寶的,不妨去逛逛。

倘若不想逛跳蚤市場,那就隨便選一條下坡路,從這裡一直到河岸就是阿爾法馬,去逛逛這里斯本最古老的區域。此區地形高低起伏,處處可見階梯街巷,加以巷弄狹窄又曲折,路不熟的遊客可能走著走著就闖進長年不見天光的死胡同。

即使如此,也請試著別看地圖(看了搞不好也無濟於事),且放任自

己漫無目的地在迷宮般的巷子裡鑽進鑽出，嘗一嘗迷路的滋味，因為在阿爾法馬迷路，算得上遊客來到里斯本的「必選學分」，上完這門課，也許能學會隨遇而安之道，就放輕鬆吧。反正街道分布再怎麼錯綜複雜，到頭來總能找到活路，索性慢慢走，晃晃悠悠，看看牆上的彩繪磁磚、小空地裡一棵孤零零的柳橙樹、人家窗口晾曬的各色衣衫，累了就走進狹小的雜貨店，跟看店的老人家買一瓶礦泉水，然後坐在店門對面的長椅上，喝著水，看打你跟前經過的街坊們彼此打招呼並寒暄幾句，待休息夠了，再任意選一條巷子，繼續漫步在阿爾法馬，或許走沒多久便發覺，大馬路赫然在眼前，那表示原本設定的目的地主教座堂（Sé de Lisboa）已在不遠處。說不定就在這一剎那間，你會跟我一樣，聯想到陸游早已膾炙人口的那兩句詩──「山重水複疑無路，柳暗花明又一村」。

📷 看不盡好風光

聖喬治堡

時間：09:00-21:00（十一月至二月只到傍晚六點）／收費：收門票，有定時葡、英、西語導覽，費用包括在門票內／路線：737路公車可至，但有一個省錢且不費力的方法，是從下城區搭兩段公共電梯，再走約十二分鐘的緩坡至城堡。（詳情請見p.20「居民的電梯」）。

恩寵觀景台

路線：可搭28路電車至Graça下車。正式名稱應是Miradouro Sophia de Mello Breyner Andresen，所在街名為 Calçada da Graça。

聖塔露西亞觀景台

位於阿爾法馬的Miradouro de Santa Luzia，俯瞰特茹河風光，視野不若位於制高點的其他觀景台那麼遼闊，但因為離主要馬路很近，且有電梯可搭至頂層，容易到達，因此吸引不少遊客，觀景台上有彩繪磁磚和磁磚壁畫。電梯入口在Rua Norberto de Araújo 25。

城外聖文生修道院和教堂

時間：10:00-18:00，週一休／收費：修道院需門票，教堂免費參觀／路線：可搭28路電車，站名：Voz do Operário。

修道院和教堂的外觀並不特別起眼，修道院在十一世紀中葉由阿方索一世下令興建，十六世紀晚期重修，裡面華麗的彩繪磁磚和青花磁磚牆面值得一看。教堂的穹頂和屋頂在十八世紀大地震中受損，但建築立面則仍保有夾在文藝復興和巴洛克風格之間的矯飾主義（Mannerism，又譯風格主義）色彩。

跳蚤市場

時間：每週二、六，06:00-17:00左右／地址：Campo de Santa Clara／路線：可搭28路電車至城外聖文生修道院（站名：Voz do Operário），走教堂左側的馬路，穿過拱門便是。

里斯本主教座堂

時間：週二至六，09:00-19:00，週一和週日到17:00；修道院迴廊週日不開放，其他天開放時段也較短／收費：修道院迴廊收費，教堂免費參觀／路線：可搭12路或28路電車，站名：Sé。

十二世紀中葉阿方索一世圍攻里斯本、打敗摩爾人後，立刻下令在清真寺的原址上興建這座巍峨的大教堂，其外型很像碉堡，但大門正上方的彩繪玫瑰窗，讓人明白這裡正是教堂。主教座堂雖然是熱門的景點，內部卻並不吵雜，想來大多數遊客都了解教堂內不宜喧譁或大聲交談的規矩。

毗連教堂的修道院迴廊內，近年挖堀出二千年前的羅馬城市街道遺跡，已出土的方形考古遺址旁有英、葡文告示牌，參照那上頭的說明，並運用一點想像力，便也能看到摩爾時代的房屋和中世紀的蓄水池。

🍴 滿足口腹的美味料理

O Eurico

時間：週日公休／收費：不收信用卡／地址：Rua Sáo Cristóvão 3, 1100-236／電話：+351 21 886 1815／路線：它位在城堡丘的山腳下，就在Pingo Doce超市上方的斜坡道上，離公共電梯出口很近。

房東向我們推薦這家街坊小館，沒有裝潢，但餐點平價而道地，十歐元以內即可飽餐一頓。

本地人愛去，但店家對遊客亦友善，因此生意極好，很容易客滿，最好中午十二點或晚上七點一開門營業就去。

Chapitô à Mesa

地址：Costa do Castelo, No. 1/7／電話：+351 21 885 5550。

既是社會教育文化中心，也有餐廳和酒吧，餐廳和咖啡館每天從中午營業到晚上十一點，週末早上也營業，供應帶點新意的葡萄牙菜。餐廳俯瞰市區和特茹河，視野佳，價位中等。

www.chapito.org/

🍷 迷人小酒館

Wine Bar do Castelo

時間：每天下午一點營業至晚上十點／地址：Rua Bartolomeu de Gusmão 11-13／電話：+351 21 887 9093／路線：在聖喬治堡大門口附近。

是葡萄酒吧，單杯葡萄酒選擇很多，沒有正餐，但供應火腿冷肉、乳酪和麵包等下酒輕食。兩位掌櫃都是愛酒懂酒之人，英語流利，樂於向客人推薦並介紹葡萄牙各產區的葡萄酒，酒價不一，但店家並不會刻意推銷高價酒，是可以愉快地喝杯像樣的單杯酒的好地方，絕不是風景區附近把遊客當凱子、敲竹槓的黑店。我們每到里斯本，就算不住在附近，也會繞過去喝杯好酒。

www.facebook.com/winebardocastelo/?ref=hl

在里斯本，有一座小廣場

從辛特拉（Sintra）回到里斯本，火車快抵達羅西烏車站時，我看天色還亮，對約柏說：「怎麼樣？還是去喝一杯嗎？」

「也好，那我就不去車站旁邊買啤酒了。」

於是下了火車，夫妻倆出了閘口，並不搭電扶梯往下到車站大門，而很有默契地直接朝右側出口走去。羅西烏車站挨著陡峭的山丘而建，大門在地勢低的下城區，月台蓋在半山腰上，出口在二樓（台灣稱為三樓），通往希亞多（Chiado），我們要去的地方就在希亞多的邊上。

穿出二樓出口，橫越平台，再爬一段陡坡，有一片空地，名為卡爾莫廣場（Largo do Carmo）。其周邊開了兩、三間小商店和四家餐館，東南角有座拱頂的四角亭子，像是微型酒吧，賣酒賣咖啡但不供餐，亭子旁撐開幾把遮陽傘，擺上輕便的桌椅，就是露天咖啡座。

那便是我們此刻的目標，約柏要喝他的黑啤酒，我呢，照樣來一杯白葡萄酒。這家的白酒汲取自類似生啤酒機的酒桶，帶著氣泡，盛裝在笛形香檳杯中，雖算不上佳釀美酒，可是在白日將盡，身心都有點疲憊時來上一杯，一切的倦意好像都可以隨著那嘶嘶湧現的氣泡，飄散而去。

卡爾莫廣場由於地形限制，腹地較小，因之堂皇比不上東側的羅西烏廣場（Praça Rossio），恢弘不若南邊的貿易廣場（Praça do Comécio），熱鬧繁華也不及西側的賈梅士廣場（Praça de Luís Carmôes），可它好就好在面積不會大得令人敬畏，卻又不致小得讓人感覺逼仄，加以三側的石板馬路都不寬，車輛交通並不忙，廣場也就相對地安靜。凡此種種，都讓人樂於在這裡多逗留一會兒，享受那悠然閒適的氣氛。說真的，正是這座小廣場，促使我這兩年居遊里斯本，都堅持落腳於附近一帶。

記得頭一回造訪這城市，初來乍到那個下午，沒來得及多歇歇，便從城堡腳下的公寓出發，搭著公共電梯到下城區，隨意走走。此區的道路縱

橫交錯，呈棋盤狀，車行的幹道皆朝著大河走，遊客就算手邊沒地圖，也不怕迷失方向。

這是十八世紀中葉時掌權的首相龐巴爾侯爵（Marquis of Pombal）規劃的結果，他在大地震後，決意改造處於里斯本中心位置的下城區，想要賦予其「現代」面貌。在他主導下，幾條寬闊的幹道和大河垂直，連通道的次要馬路則與大河平行，兩者圍成格子形的街廓。下城區如今有幾條馬路是行人徒步區，最熱鬧的應是連接兩大廣場的聖奧古斯塔街，從羅西烏廣場沿街往河的方向行去，越過巍峨的拱門，就是貿易廣場。

我們在下城區繞了大半圈，從河畔走到羅西烏車站附近時，已是薄暮時分，該吃晚餐了，可是經驗告訴我，在車站附近要發現好餐館通常較難，最好往車站外圍找。我看到車站旁邊有樓梯通往不知哪條坡道，決定爬上去看看，就這樣來到了希亞多——雖然我那會兒根本摸不清自己身在何方。

我們在狹小的巷弄來回穿梭，最後由我作主，選了一家看來不像專做觀光客生意的小館子，各點了烤魚和煎牛排。那一餐十分家常，烹調手法並不出奇，也不是精緻美食，但家常菜色也還適口。結帳時，連同布丁甜點和酒水，二十六、七歐元，實惠到嚇我一跳！（後來成了「識途老馬」，才明白這價位可是「都市水準」，換作在鄉間小鎮，價格可能減兩成。）

離開餐館，天色早已昏暗，踱出長巷，決定向右，朝車站的反方向走，吃得太飽，該多散一會兒步，消化消化。拾步上坡，待腳又踏上平坦的地面時，瞧見左側不遠處有樹蔭，那是一方空地，暈黃的街燈和貼地的燈光照著樹、照著地、照著空地邊上的建築，影影綽綽，真教人好奇。

走過去一瞧，樹蔭下是露天座位，有些人在用餐，桌上點著蠟燭。

「可惜剛吃飽，不然在這裡坐坐，吃點東西應該挺好的。」我邊說邊窺視人家桌上都擺著什麼菜。

約柏推推我，「妳看。」

我朝他比畫的方向看去，「哇，好美。」

空地一側有一片廢墟，沒有屋頂，石壁上截斷落，原本該是窗戶的地方，如今是長方形的洞口，只有立面的拱門保持完好，看得出這幢建築物有中世紀的哥德風格，相當古老。在地面燈光的探照下，這一大片石牆和鐵門呈現出強烈的戲劇效果，繁華的首都怎麼會有如此巨大的廢墟呢？

廣場上的石頭長椅上，坐了一對情侶模樣的年輕人，兩人依偎著，低聲細語，窸窸窣窣，聽不出講的是哪國語言。我們看到另一張長椅還空著，遂也坐了下來，我把頭靠在丈夫的肩上，他攬住我的肩，兩人不說話，只是靜靜地端詳著眼前這劇場一般的廢墟。我不由得納悶，在晴空底下，這裡會是什麼樣的風景。

回租屋後，翻開旅遊指南一查，那幢建築物是卡爾莫修道院（Convento do Carmo），在十八世紀的大地震中嚴重受損，而讓我們逗留的那一小片空地則以修道院為名，叫做卡爾莫廣場。

第二天剛過中午，我們又來到廣場，買了票進入修道院，這才發覺，修道院雖然殘破，卻並未完全荒廢，後方俯瞰下城區的建築物已修整為小型的考古博物館，一進門原本是教堂的偌大空間，則保留地震後屋頂整個崩塌的情景，裸露的尖拱和高聳的石柱筆直向上，彷彿想探測天有多高，可終究觸摸不到那一片湛藍的天空。

眼前景象美得淒涼，美得令人屏息，也美得教人益發覺察到自己的渺小。你瞧，花費了那麼多人力、物力、財力堆砌而成的石造建築，再怎麼龐然，再怎能說壯觀，再怎麼堅實，到頭來也抵抗不了大自然的力量，怪不得地震過後，有人認為那場災禍是上蒼在懲罰當時因富貴而驕淫的里斯本人。

不知道別的遊客是否跟我一樣，也被這殘缺卻又磅礴的美震懾住了，大夥要麼靜靜地欣賞壁面上殘存的石刻，不時舉起手機或相機獵取鏡頭，

要不就席地坐在靠近門口的台階上，或仰頭望天，或遊目四顧，當然也有人忙著俯首滑手機。無論如何，沒有人大聲喧譁，他們也不敢褻瀆這浩劫過後的歷史見證嗎？

走出修道院，我覺得自己必須坐下來，好好地收拾心情，這才發覺修道院一側有個賣咖啡和酒的小亭子，前一晚不知怎地竟然沒留意到。選了一個位子坐下，點了礦泉水，握著水瓶，還沒喝便覺那股沁人的涼意從手心傳到心裡，讓我慢慢地釋然了。

唉，是我想太多了，修道院固已是斷壁殘垣，可廣場上綠樹成蔭，中央的水池汩汩地流著泉水，人們微笑著坐在綠蔭下，喝著啤酒或咖啡，他們或是正在度假的旅人，也可能是偷得浮生半日閒的本地人，總之，臉上的線條都是放鬆的。

人生從來就不容易，愛與恨、生與死、華麗與蒼涼、興隆與衰亡，常是一體兩面，往往只有一線之隔，我所能做的，也就是珍惜眼前這一刻吧。且看陽光燦爛，而我身邊有彼此關愛的人，我們誠然渺小，但所幸仍有知覺，多少能夠思考，並且熱愛生活。

差不多就在那時，我告訴自己，如果有一天再來里斯本，一定要回到這裡，找一間小公寓，住下來，哪怕只有短短幾天。

日常的希亞多

我和約柏這兩年又到里斯本，除了有一晚因為行程銜接不上而住進郊區克魯茲（Queluz）的古蹟旅館外，三度透過不同的短租屋網站在希亞多租屋，三幢公寓恰好分別坐落於卡爾莫廣場三側的街廓，走路都只要一、兩分鐘。

老實講，儘管我幾乎是一眼愛上卡爾莫廣場，但頭一回租住在這一區，難免有點擔心環境會不會太吵雜，畢竟希亞多是里斯本的商業區，離

廣場兩、三條街就是繁華的購物街，而且附近一帶旅館多、餐廳多，酒吧咖啡店也不少，萬一夜夜笙歌，我們可就不得安寧了。

幸好，實際住進來以後，發覺希亞多這一帶白天熱鬧歸熱鬧，晚上卻還算清靜，入夜後雖非悄然無聲，我們卻未曾聽聞酒後的喧囂。因為住得滿意，後來兩次短期居遊也都鎖定卡爾莫廣場一帶，且將希亞多當成我們在異鄉的「鄰里」。

從居遊者角度考量，這一帶最讓我滿意的，是地理位置實在方便。希亞多夾在上城區（Bairro Alto）和下城區之間，著名的景點多半在步行可達的範圍。需要搭車的話，地鐵站就在五分鐘腳程處，往返機場和長程火車停靠的大火車站，搭地鐵甚至比叫計程車更方便。

要去辛特拉做一日遊或到克魯茲參觀華麗的皇室行宮，郊區火車的起點和終點站都在山腳下的羅西烏車站；若想前往貝倫區（Belém）參觀貝倫塔和熱羅尼莫什修道院，或到開業快二百年的老店吃蛋塔，那就漫步下山，至貿易廣場搭15號電車；想到卡斯凱什（Cascais）、埃斯托利爾（Estoril）的海濱吹海風、吃海鮮，順道去歐陸最西端的羅卡角（Cabo da Roca）瞧瞧古人心目中的海角天涯是何等景象，要麼搭地鐵，僅僅一站就抵達開往海邊的短程火車起站Cais do Sodré，要不安步當車，走個十三分鐘左右也成。

希亞多再往上爬就是上城區，沿著慈悲路（Rua da Misericódia）一路上坡，過了聖洛克教堂（Igreja de São Roque）不久，快到最高處時，右手邊有公園綠地，綠蔭、水池、雕像和露天咖啡座，樣樣不缺，這裡卻不是公園，而是觀景台，全名為Miraduro de São Pedro de Alcântara，可遠眺大河和對面山丘上的聖喬治堡，視野非常遼闊。

大部分遊客來到觀景台就止步了，如果喜歡綠意蔥蘢的景色，可以沿著同樣一條馬路，繼續前行，再走兩、三百尺，會看到左側的王儲花園（Jardim do Príncipe Real）。自街景和路人打扮舉止觀之，這裡顯然不同

於傳統以來都是勞動階級居住區的阿爾法馬和穆拉里亞，而是較富裕的中產階級住宅區。公園裡有家小咖啡館，一角有飲料亭，累了可以坐下來休息一下，看里斯本的布爾喬亞日常。再往前走的話，毗連著國家自然史與科學博物館，有一大片綠蔭，那是里斯本大學植物園，遊客更少，想離開觀光人潮時，可以去那裡散步。

以生活機能而言，卡爾莫廣場也相當便利，廣場旁邊有家有機超市，居遊生活所需的基本貨色在那裡都買得到，僅酒類和礦泉水選擇較少，但這也無所謂，不用走到羅西烏車站便有商品更加齊全的連鎖超市。

不過，我更喜歡多走幾步路，到無花果樹廣場Praça da Figueira，廣場旁邊巷子裡有家名為Manteigaria Silva的老牌食品店，販售來自葡萄牙各地的乳酪和火腿，這個來一小塊，那個請店員切上一百公克，再去廣場另一側的Mercado da Figueira買麵包、沙拉，加上一瓶紅酒，就是簡便但美味的一餐。哦，對了，這裡不論生鮮蔬果和魚肉，品質都優於一般超市，價位卻高不了多少。

要是興致來了，索性往下走到大河邊，那裡有個傳統市場，就叫「河岸市場」（Mercado da Rebeira），自一八九二年以來便是里斯本主要的菜市場，二〇一四年經改造後，如今不但早上有生鮮農產市場，還開設美食街，每天上午十點起營業至午夜，買完了菜還可以順便去喝點東西、吃份點心。

而更讓我動心的，還是希亞多和上城區的飲食場景，這一帶酒吧、咖啡店和食肆林立，大名鼎鼎的「巴西人咖啡館」（Café A Brasileira）就在地鐵站西側（亦即希亞多那一側）出口後方，從卡爾莫廣場走過去不到三分鐘，和它隔了兩個門面，還有一家名為Pastelaria Bernard的糕餅店兼餐館。我們偶爾經過時，會在兩家咖啡館中隨興找一家進去，喝杯bica（里斯本人給濃縮咖啡的暱稱），吃一小塊蛋糕。我們從來不坐露天座位，總是學本地人，站在吧台邊上，吃完喝完便走人。

　　說到美食，這裡堪稱「一級戰區」，各種形式、各種價位的餐館都不缺，單是葡萄牙名廚艾維列斯（José Avillez）就在希亞多設了六個據點，既有拿下米其林二星的Belcanto，也有不拘形式的食堂Taberna。

　　要說希亞多的缺點，那就是畢竟是繁華地帶的商業區，日常生活氣息比鄰近的上城區淡薄，「現實感」也小於恩寵區或星辰公園一帶，然而看在交通、起居生活都便利，附近又有太多美食可吃，最重要還有座怡人的卡爾莫廣場的分上，我還是一再回到這裡，一再將希亞多當成我在里斯本居遊的家園基地。

📷 看不盡好風光

卡爾莫修道院

時間：週一至週六10:00-18:00，六至九月延至19:00關門，週日、元旦、五一勞動節和聖誕節不開放／收費：收門票。

修道院建於十四世紀晚期至十五世紀初期，為中世紀盛行的哥德風格，一側俯視下城，另一側面對卡爾莫廣場。教堂在一七五五年大地震中嚴重受損，並未重建；修道院部分一度改為軍事區，目前則已修建為考古博物館。

www.museuarqueologicodocarmo.pt/info_en.html

羅西烏車站

地址：Rua 1º de Dezembro。

車站落成於一八九○年，曾是里斯本的中央車站，如今行駛辛特拉線都會區域火車，並連通地鐵綠線。要從市區去辛特拉和克魯茲宮殿都從此站出發。如果是在里斯本機場入境，建議在機場的地鐵站買好可現金充值（Zapping）的大眾運輸卡Viva Viagem Card，用那張卡可直接刷卡進月台搭乘火車、地鐵、電車等公共交通工具。盡量別在需要趕火車時才購卡或買票，羅西烏車站的自動售票機和售票口經常大排長龍。

羅西烏廣場

羅西烏廣場其實是俗稱，正確地名應是佩德羅四世廣場（Praça de Dom Pedro IV），廣場中央柱頂就是這位身兼第一位巴西皇帝的國王銅像。這裡是商業重心，在歷史上亦是政治重地，有許多重大的歷史事件在這裡發生。廣場北側是瑪麗亞二世國家劇院，十九世紀時為上流社會的社交和娛樂重地。

劇院東側有家門面極小、沒有座位的小酒吧，小到店裡同時間容納不了六、七位客人，其店名為A Ginjinha，開業逾一百七十年，專賣葡文就叫ginjinha（簡稱ginja）的櫻桃甜酒，一小杯可以一口喝乾，甜滋滋的易入口，請注意，可別貪杯，酒精含量並不低，小心喝醉。

貿易廣場

建於十六世紀，一側是奧古斯塔街拱門（Arco da Rua Augusta），另一側毗連特茹河，又稱宮殿廣場（Terreiro do Paço，地鐵站仍沿用此名），因為毀於大地震的皇宮舊址就在這裡。地震後，皇宮並未重建，龐巴爾侯爵將此地改造為下城的一部分，廣場中央樹立著當時在位國王若澤一世（Dom José 1）的銅像。廣場十分開闊，前方有水岸碼頭，是情侶約會的好地方，日落時分遠眺夕陽餘暉中的河水和河上的大橋，更是美得讓人讚嘆。

聖朱斯塔電梯

時間：三至十月，07:00-23:00；十一至二月，07:00-21:00／收費：要收費，可現場購票，亦可用Viva Viagem里斯本大眾運輸卡付費／入口：Rua do Ouro。

注意，電梯只載人往上不往下，如果不想搭電梯，也可以只參觀頂層的眺望台，但需持有有效票券（不包括大眾運輸卡），早上九點起才開放。

www.carris.pt/en/elevators/

Miraduro de São Pedro de Alcântara

前往這座觀景台最不費力的辦法，就是搭乘「榮耀纜車」（Ascensor da Glória），這種舊式纜車如今是葡萄牙的國家歷史文物，也是為遊客趨之若鶩的觀光項目，但是對本地人而言，仍是帶來不少便利的交通工具。這條路線在山下的起點位於自由大道（Av. da Liberdade）和Calçada da Glória交會的路口，上城區的車站則在觀景台旁邊。

Miraduro de Santa Catarina

也在上城區的這一座觀景台較靠河岸，大河和大橋的景觀一覽無遺，因為離大馬路不遠，容易到達，附近又多酒吧、咖啡館，吸引不少喜歡熱鬧的年輕人和不服老的中年人，黃昏時分人潮尤其多。

畢卡纜車

Ascensor da Bica是里斯本最著名的纜車路線，也是經常被攝影家收進鏡頭的重要地標，然而bica這個詞彙在里斯本卻也有「濃縮咖啡」之意。畢卡原是這一帶的舊名，和此區古早時代的水力供應系統有關，據說里斯本人之所以稱espresso為bica，就是因為咖啡自咖啡機緩緩流出的模樣肖似昔時水力系統出水的樣子。畢卡纜車連接上城區Calçada do Combro和Rua de S. Paulo這兩條與河平行的道路，纜車從地勢高的Calçada do Combro逐漸往下，彷彿流水將注入大河一般，隨著河岸越來越近，車上的人偶爾看一眼纜車道旁近在咫尺的屋宇、行人，再將視線投往那越來越近的河水，說不定會覺得自己正隨波蕩漾，緩緩投向大河的懷抱。

28號電車

電車時刻表：（上行）Martim Moniz為起點：http://www.carris.pt/en/tram/28E/ascendente/；（下行）Campo Ourique為起點：http://www.carris.pt/en/tram/28E/descendente/。

旅人如何能不愛里斯本的28號電車，換作在別的國家，像這樣古雅可愛的電車恐怕早就退休，頂多當成觀光電車，然而從上一世紀三〇年代直到現在，28號電車那明黃色的木製車廂始終載著幾代的里斯本人，從下城區的Martim Moniz廣場出發，穿越大半個市區，沿著高低起伏的丘陵地形，繞行大街小巷，每逢坡度陡峭或彎度較大的路段，車輪就發出咿呀聲，乘客也感覺得出車子走得特別吃力。然而再怎麼氣喘吁吁，28號電車還是照樣慢慢悠悠地一路爬上爬下，走過恩寵區、阿爾法馬，回到下城區，又上坡到希亞多，沿著差不多與河平行的道路，駛過上城區，途經星辰公園和教堂後繼續往西，最終彷彿呼應人生旅程一般，到達古老的墓園，不再往前開，稍待片刻後再沿著同樣的路線，折返市中心。

電車行駛時，駕駛不時打起響鈴，或表示就要開車了，不長眼的遊客請別站在軌道上東張西望，也可能只是看到另一輛電車迎面而來，噹噹兩聲和同事打個招呼。我平時聽到叭叭的汽車喇叭聲只覺得心煩，卻一點也不嫌噹噹聲討厭，它是那麼老派又那麼「里斯本」，倘若只准許我用一種聲音來代表里斯本，那應該就是它了。

假如想從一地迅速前往另一地，請別搭28號電車，車行速度真的很慢，走走停停，一點也不著急，卻令人更可以好整以暇地透過車窗，瀏覽這美麗的城市。

這條路線幾乎把里斯本的熱門景點一網打盡，加上它至今仍是里斯本主要的日常公共交通路線，不少本地人也習於搭乘，因此除了一大早和晚間外，電車都相當擁擠，要是車上已無多少站位，且無人拉鈴表示要下車，司機很可能會過站不停。

✕ 滿足口腹的美味料理

Time Out Market

Time Out Market坐落於河岸市場龐大的建築中，二〇一四年由倫敦起家的Time Out雜誌集團接手經營，改造為都會風十足的美食街，不但有道地葡萄牙菜和點心，也有美食漢堡（Gourmet Hamburger）、壽司等各國食物、葡萄酒吧、啤酒吧和咖啡舖。

外國遊客剛到里斯本，如果對葡萄牙餐酒沒概念，第一站不妨就來這裡。美食街中有好幾家是里斯本的名店、名餐廳在這裡開設的分店，在時尚食堂般的環境中，供應相對平價的美食。

這裡還有個好處，營業時間長，從上午十點營業至午夜，週四至週六營業時間更延長至凌晨兩點，沒有午休，碰到一般餐館不供餐的時刻，想吃點喝點什麼，來這裡就對了。

美食街一般無公休日，如果因故暫不營業，會在網站上公布。

www.timeoutmarket.com/lisboa/

A Cevicheria

時間：每天中午12:00至午夜，不接受訂位，必須現場登記並候位／收費：不連酒水，人均四十歐元左右。／地址：Rua dom Pedro V 129, 1250-094 Lisboa／電話：+351 21 803 8815。

如果吃膩了葡萄牙菜，請去上城區王儲公園附近吃秘魯菜。這家餐館很小，天花板上的大章魚模型十分醒目。沒有固定菜單，每天推出「品嚐套餐」（tasting menu），顧名思義，套餐中有好幾道是秘魯的ceviche菜色，即不用火，而以醋或萊姆等酸汁將海鮮「醃熟」，主廚對食物有想法，有創意，但不亂搞，食材新鮮，調理得當，即便都用了ceviche手法，但隨著食材和佐料的不同，吃來都有不同的風味。能坐到吧台座位更好，因為廚師就在弧形吧台後下廚（但不見得「烹煮」）。

Belcanto

時間：午餐12:30-15:00，晚餐：19:00-23:00，週日和週一公休／收費：Belcanto價位較高，不連酒水，人均消費一百五十歐元以上／地址：Largo de São Carlos 10／電話：+351 21 342 06 07。

Belcanto於一九五八年在希亞多開業，艾維列斯二〇一二年初接手後，徹底改造，同年即摘下一顆米其林星，兩年後拿下第二顆，目前是這位名廚旗下最高端的餐館，也是里斯本唯一的米其林二星餐廳。

我在幾乎嚐遍艾維列斯的所有餐館後，終於來到Belcanto。因為一餐只接待一輪客人，加上店址並不很大，晚餐一位難求，通常得在兩、三個月前就訂位，因此我們預約了相對較易訂到位的午餐。

這裡的午餐和晚餐菜單和價位相同，中午或晚上吃，差別其實不大。況且對我們來講，吃午

餐還更好，因為餐廳晚間七點方開門營業，型態又是所謂haute cuisine——高級精緻烹飪，宜細細地品味，慢慢地吃，這麼一來等喝完餐後咖啡，恐怕都十點多了，我可不想腦滿腸肥地上床睡覺。

Belcanto自稱其食物風格為「重溫葡萄牙之味」，企圖藉由舌尖上的滋味，帶領老饕穿梭古今。不過，他所謂的重溫，並不是把老菜和舊時味源源本本地端上桌，而是透過他和廚房團隊重新詮釋，可說是精緻化、現代化的傳統鄉土菜。

好比說，本來平凡無奇的水波蛋，配上脆麵包屑，覆上金箔，品相豪華，而那蛋白柔嫩到不可思議，蛋黃像是生的，卻沒給人在吃生蛋黃的感覺。又如，該大塊文章大口吃的烤乳豬配炸薯條，這裡切成一小方塊，佐以柑橘奶油薯泥和用米紙包裹油炸的薄薯片，那乳豬極酥極脆，輕輕一刀切下去，便如薄薄的糖衣般斷裂，豬皮底下的油脂腴滑豐美，搭配甘香微酸又絲滑的柑橘薯汁，恰到好處。

還有那乍看無甚特殊的海鱸魚佐海藻和牡蠣，吃進嘴裡，魚肉和牡蠣鮮嫩得出乎預料，透明的湯汁鹹香鮮美，我邊吃邊想，這就是大海的滋味吧。

出生於一九七九年的艾維列斯到底是新一代的大廚，加上曾拜於西班牙分子廚藝大師Ferran Adrià門下，在如今已歇業的El Bulli餐廳學習過，因此其烹飪手法難免受近十數年來火紅的分子廚藝影響，好比其招牌甜點「柑橘」（Tangerina），看來就是一顆橘子，在柔軟的外皮上開個洞，裡面原是帶柑橘味、質地如發泡鮮奶油的雪凍。

總之，這一餐我吃得滿意，因為這裡的菜餚雖有噱頭，但不會花稍得讓我受不了。說到底，管它有幾顆星，是不是分子廚藝，我始終偏愛「吃得懂」的菜餚，這種菜終究比較耐吃。

請注意，這裡不接受線上訂位，必須打電話訂位且需提供信用卡號碼。如需取消或更改訂位，可在用餐四十八小時前以電話或電郵通知，餐廳不會收取費用。餐廳在四十八小時期限將到達時，也會主動致電，與訂位者聯絡。如果客人擔心到時無法接聽電話，最好打電話或發電子郵件給餐廳再確認，以免訂位被取消。

Bairro do Avillez

時間：Taberna和Mercearia每天12:00-24:00；Pateo每天12:30-15:00，19:00-24:00，但聖誕節當天不營業，十二月二十四日只供應午餐／地址：Rua Nova da Trindade 18／電話：+351 215 830 290。

Bairro do Avillez直譯為「艾維列斯的地盤」，是這位明星大廚旗下較新的物業，也在希亞多區，一整幢樓房中有數家性質不同的餐館，Mercearia是可外帶的熟食舖，Pateo主打魚和海鮮，Taberna則是不拘形式的小酒館。

不同的菜色、氣氛和價位，吸引不同的客層，其中Taberna最隨興，和走fine dining路線的Belcanto幾乎在光譜的兩端，供應的是帶點新意但扎實的鄉土菜，但是也可以吃到他幾樣比較有噱頭的招牌小食，比如向分子廚藝大師Adrià致敬的「爆炸橄欖」，脫胎自大師的「液體橄欖」，外表看來就是綠橄欖，一吃卻發現不是橄欖，而是介乎橄欖果凍和橄欖油汁之間的小點心。

建議在七點以前就去用餐，較容易找到位子，八點以後本地客人紛紛出現便一位難求了。

Mini Bar

時間：晚上19:00起至凌晨01:00供應晚餐，酒類和飲料則供應至凌晨兩點，每天營業／地址：Rua António Maria Cardoso 58／電話：+351 21 130 5393。

艾維列斯旗下另一餐館，從室內裝潢、音樂取向到食物，都走「食尚」路線，有餐廳和酒吧兩區域，前者有一般餐廳桌椅，後者則像lounge bar。賣的是「酒吧美食」，每道菜的份量小，有不少是姐妹店Belcanto招牌菜的縮小版。可單點，也有tasting menu，連同一杯飲料，人均五十至六十歐元。

Casa Portuguesa do Pastel de Bacalhau

地址：Rua Augusta 106。

下城主要行人徒步街道上的熱門速食餐廳，顧客主要是觀光客，有笑容可掬的女服務員在現場示範製作包乳酪餡的鹹鱈魚薯泥餅，有點像是小規模的觀光工廠，只是裝潢較講究，門前還有露天座位給客人坐。雖是觀光店，魚餅的價格並不貴，因為生意好，基本是現炸現吃，熱騰騰的，也還可口。在波爾圖的教士教堂附近也有一家分店。

☕ 來一杯咖啡吧

巴西人咖啡館

地址：R. Garrett 120／電話：+351 21 346 9541。

極可能是全里斯本最出名的咖啡館，創業於一九〇五年，以當時還算稀罕的巴西咖啡為號召，所以取名「巴西人」。其店面狹長，一進門右側是舊式書報亭，左側有鑄鐵欄杆樓梯通往地下室，天花板上掛著枝形吊燈，地上鋪著黑白方格相間的大理石，右手邊則是黃銅把手的木頭吧台，完全是老派風華。同樣的一杯飲料依座位不同分成三種價位（站在吧台邊最便宜，坐在室內其次，露天咖啡座最貴）。如果只想湊湊熱鬧，站著喝一杯咖啡，則只比一般小店貴上歐元一、兩毛。

二十世紀初里斯本大詩人佩索亞（Fernado Pessoa）生前是咖啡館常客，門前露台如今豎立著他的紀念銅像。佩索亞最為華人讀者所知的作品，應是其介乎散文和詩之間的奇書《不安之書》（又譯《惶然錄》）。

💰 良憶帶你血拼去

Mercado da Figueira

時間：08:00-20:00／地址：Praça da Figueira 10。

這家食品店名為mercado（意即市場），事實上也像座小市場，有開架的蔬果攤和雜貨架，也有魚攤、肉舖、火腿乳酪熟食櫃台、葡萄酒專櫃和麵包舖，麵包舖還有現做的三明治和咖啡，讓人可以簡單吃個早餐或午餐。另外，其精品罐頭選擇很多，價位公道，如果要買特產罐頭當伴手禮，不妨就來這裡。無花果樹廣場上每月最後一個週末還有露天傳統市集。

Manteigaria Silva

地址：Rua Dom Antão de Almada 1。

一八八〇年即開業的老店，有來自葡萄牙各地的乳酪、火腿香腸和酒，價位中上，但品質優良，在河畔市場和希亞多的Bairro do Avillez設有攤位，位於羅西烏廣場和無花果樹廣場之間的這家則是創始店。

📖 激推特色書店

Livraria Betrand Chiado
地址：Rua Garrett 73。

根據金氏紀錄，希亞多的貝唐德書店（Livraria Betrand）是全世界最古老且目前仍在營業的書店，創立於一七三二年。店址在熱鬧的購物街上，側面的外牆貼著藍白花案磁磚，轉角處有大大一面告示，聲明此店之古老。書店門面並不寬，但頗深，除了葡文書籍外，也有部分英文書，我每到里斯本，一定會來逛逛，順便帶一、兩本書走。

走出熱門觀光區

　　觀光客到里斯本，足跡多半集中於市中心的上、下城區和阿爾法馬，另外就是擁有世界文化遺產的貝倫區，然而里斯本有意思的地方可不只如此，好比說，在市中心和貝倫區之間，就有一處值得好奇的旅人造訪。

📷 看不盡好風光

LX Factory
　　路線：從市中心可搭732、760公車、15號和18號電車到這裡，站名Calvário。

只因為房東告訴我們，身為土生土長的里斯本人，她和親友平日沒事不會去聽法朵，逛博物館，可是週末或休假時常出城，去城西快要到4月25日大橋的LX Factory園區走走看看，我和約柏在一個晴朗的午後就來到這裡。

　　此地原是一片廢棄的工廠，二○○七年改造成文創區。園區內有好幾座廠房，分別開設了餐館和商店，大多數店家和公司集中在五層樓的主廠房，創意酒吧、咖啡廳和個性化的小店多半在地面層和一樓（台灣的二樓），二樓以上則有藝術家工作坊和各種與文創產業有關的小公司，性質和氣氛都有點像台北的華山、松菸文創產業園區，還有高雄的駁二。

　　LX Factory算是里斯本的新興景點和「潮區」，週末夜晚最熱鬧，因為有不少里斯本人都愛來這裡看展或吃吃喝喝，週日白天則來逛露天的二手衣和手工藝品市場。

遊客也逐漸發現這地方有意思。我們造訪的那一天不是週末，人潮並不擁擠，但也不會寥落到令人感到死氣沉沉。我們信步遊走，園區並不很大，若只是走馬看花繞個一圈，一下子就走完，然而LX Factory這裡萬萬不是給人「觀光」的地方，來這裡需要放輕鬆，最好無所事事地待上好一會兒，晃晃悠悠。

　　倘若本來就愛看設計風的家飾、文具或獨立設計師時裝，請去逛風格不同的小店，說不定會忍不住下手買上一、兩樣容易攜帶回國的獨特商品，也可以參觀當期的藝術展覽或藝術家工作坊，然後在各種不同風味的café或酒吧中找一家看來最順眼的去坐坐，天氣好的話，不妨坐在露天座位，在雲影天光中吃點喝點。我們呢，正是這樣消磨一個怡然的下午，淺淺地體會了里斯本日常週末時光的滋味。

www.lxfactory.com/EN/welcome/

貝倫區

　　遊客到貝倫，除了去開業已逾一百八十年的糕餅名店吃蛋塔外，主要參觀三個景點：發現者紀念碑（Padráo dos Descobrimentos）、貝倫塔（Torre de Belém）和熱羅尼莫什修道院（Mosteiro dos Jerónimos），後兩者已在一九八三年一同被列為聯合國世界文化遺產。從里斯本市中心可以搭15路電車至貝倫，下車地點就在修道院旁邊。建議在貿易廣場上車，如此有座位的機率較高，若至Cais do Sodré才上車，可能就得一路站到貝倫了。郊區火車在貝倫也有一站，離景點要走一段路。

📷 看不盡好風光

熱羅尼莫什修道院

時間：10:00-18:30，十月至五月提早在17:30關門，週一、元旦、復活節週日、五一勞動節和聖誕節閉館／收費：要收費，若持有Lisboa Card則免費。

修道院面積非常大，細細地看得花不少時間，此處是超級熱門景點，最好早上開門前就去排隊買票。

這幢宏偉的修道院一五〇二年由國王埃曼努一世（D. Manuel I）下令興建，是十六世紀葡萄牙曼努埃爾風格（Manuelline style）代表性建築，一穿過大門，踏進修道院，立刻會震懾它的壯觀與宏偉，待你定睛細看那些石雕裝飾，又會驚訝於建築各個細節的繁複精細，那當中不知有多少工匠貢獻了心血和青春，這座修道院可是蓋了快八十年才正式完工。

十六世紀時，葡萄牙國運正旺，富甲一方，為紀念達伽馬（Vasco da Gama）成功開闢印度新航線而修建的這座修道院，遂極盡華麗之能事，處處可見曼努埃爾風的自然元素裝飾，

好比花草蟲獸，還有貝殼與船纜繩結等與海洋有關的事物，做工之精巧，讓人連連驚嘆。在熾熱的陽光下，這幢麗然的石灰岩建築閃爍著金光，在在顯現葡萄牙帝國當時有多麼不可一世。

修道院旁邊的教堂供奉著達伽馬和十六世紀詩人賈梅士（Luís Vaz de Camôes）的墓，公認後者是葡萄牙最偉大的詩人，後世將其人與義大利的但丁、英國的莎士比亞相提並論。

www.mosteirojeronimos.gov.pt/en/

貝倫塔

時間：一如熱羅尼莫什修道院／收費：要收費，若持有Lisboa Card則免費。

建於曼努埃爾一世在位時期，原是突出於特茹河上的五層樓碉堡，後來變成海關、燈塔，甚至監牢。塔內有不同時代的遺跡和各種機關，一樓曾是砲台，通往頂層的螺旋梯非常狹窄，遊客多時有人數管制。

www.torrebelem.gov.pt/en/

發現者紀念碑

一九六〇年，為紀念航海家恩里克王子逝世五百週年，葡萄牙政府在貝倫區的特茹河畔建造這座巨大的紀念碑，藉以頌揚大航海時代的光輝歷史。十五世紀末和十六世紀，葡萄牙人就在這裡出海，進行海上冒險。紀念碑模擬船形，其上有恩里克王子、達伽馬、賈梅士等與大航海時代相關的人物雕像，個個面朝著海的方向。老實講，看過修道院和貝倫塔後，乍看這座水泥建物，我只覺得它突兀，有點單調乏味，不明白葡萄牙人既然擁有那麼多美侖美奐的歷史建築，做得出那麼多秀雅的磁磚，怎麼能夠造出這麼大而無當的紀念碑。繼而一想，它興建於右翼獨裁政權時期，那可是法西斯式

民族主義的時代，如此一來，紀念碑之所以反映出法西斯式「數大為美」的美學，也就不足為奇，甚至很有意思了。從歷史角度來看，這座紀念碑或有雙重意義，不但在紀念大航海時代，也記錄了葡萄牙近代的獨裁歷史。

 ## 來一杯咖啡吧

Pastéis de Belém

時間：十月至六月，08:00-2300；七月至九月，08:00-24:00，全年無休，但十二月二十四、二十五、三十一日和元旦提早在19:00打烊／地址：Rua de Belém nº 84 a 92／電話：+351 21 363 74 23。

原本以為這家創業於一八三七年的蛋塔老店兼咖啡館就只是個觀光名店，真正嘗過其蛋塔後，不能不承認，它雖然堪稱觀光客大本營，但是招牌蛋塔確實名不虛傳。那蛋塔外層是千層酥皮，表面烤得焦焦的。大概是因為生意興隆，店外常見排隊人潮，不斷有新的一批蛋塔出爐，侍者端上桌的蛋塔還是溫熱的，我小心翼翼地捧起，就怕一不小心使力過重，會把蛋塔捏碎。我學葡萄牙人，撒了一點肉桂粉在上面，咬了一口，外皮鬆酥，內餡如卡士達布丁般柔滑，奶香油香夾著肉桂香，濃郁腴美，妙不可言。要不是蛋塔熱量高，一顆抵得上一碗白飯，我還真想再來一個。

葡萄牙簡史

伊比利半島最長的特茹河從西班牙東部翻山越嶺、滔滔向西流了一千公里，即將到達大西洋時，河面遽然放寬，再流了二、三十公里，接近海口時又收窄，如此一放一收，形成天然港口，那就是今日的里斯本港。河港的北岸地勢高低起伏多丘陵，僅河畔有小片平地；南岸地形相對和緩，有許多小水灣，漁產豐富。林林總總，都是文明和文化興起的有利條件。

古代

傳說尤里西斯（Ulysses）攻破特洛伊城後，漂流來到此地，建立聚落，名為Olisippo，這就是里斯本（Lisboa）地名的由來。不過此說恐怕只是穿鑿附會，里斯本之名更有可能源自腓尼基水手口中的「靜港」（Alis Ubbo）。

公元前一百多年，羅馬人來到這裡，在北岸築牆設防，城鎮的形貌從此變得更清楚，到了公元前三十年，凱撒大帝賦予其「自治市」地位，里斯本從而成為西歐歷史最悠久的城市。（如果你對古羅馬時代的里斯本感到好奇，請到主教座堂的修道院迴廊，那兒的地下有近些年來才挖掘出土的羅馬城市遺跡。）

隨著羅馬帝國的崩解，北方日耳曼「蠻族」在公元五世紀來到伊比利半島，瓜分當時還不叫葡萄牙的這一大片土地，最終由西哥德人占了上風。

摩爾人來了

接下來二百多年，西哥德人內部紛爭不斷。八世紀初期，北非的穆斯林（也就是摩爾人）趁虛而入，只花了五年就征服伊比利半島，七一四年拿下里斯本，此後四個世紀，里斯本由摩爾人統治，範圍集中於現今的城堡區和阿爾法馬，而阿爾法馬之名也正來自阿拉伯語中的Alhamma（意指泉水）。

　　不過，北方的基督徒很快便重整勢力，九世紀中期「收復」葡萄牙北部，稱呼波爾圖周遭一帶為Portucale，這也是後來葡萄牙（Portugal）之名的由來。自此，北境為基督教地區，南部則是穆斯林的天下，只是摩爾人掌控的里斯本，並未徹底禁絕基督教和猶太教，非伊斯蘭教徒仍可保持原有信仰。

王國的誕生

　　出生於吉馬拉什的北境領主阿方索・恩里克斯，一一三九年宣告「葡萄牙王國」誕生，自封為王，後世稱為阿方索一世（Afonso I de Portugal）。一一四七年，他在北歐十字軍的協助下，「光復」里斯本，立刻在原是清真寺的土地上大興土木，蓋了大教堂，也就是今日的主教座堂。一二四九年，摩爾人在南部最後的據地被攻破，六年後，公元一二五五年，葡萄牙首都由科英布拉遷至地理位置更適中的里斯本。

　　中世紀的葡萄牙在迪尼什一世（Dinis I de Portugal）的時代達到高峰。他一聲令下，官方的書寫文字由拉丁文改成葡萄牙文，此舉不但提升葡文的地位，也強化了葡萄牙的民族精神。這位有「詩人國王」之稱的君主，一二九〇年並在里斯本創設葡萄牙第一座大學（一三〇八年遷至科英布拉）。

大航海時代

　　十五世紀迎來了葡萄牙的黃金時代。一四一五年，葡萄牙艦隊從波爾圖出發，攻下北非的休達，後來又「發現」並占領馬德拉、亞速群島和維德角，揭開接下來一百多年海上霸權的序幕。

　　是什麼驅使葡萄牙走向大海？簡單講，就是對財富的欲求、對未知世界的冒險心，還有宗教的狂熱。國王若昂一世（João I de Portugal）的三子恩里克王子（Infante Dom Henrique de Avis）當時是「基督騎士團」領袖，

和穆斯林自是誓不兩立。葡萄牙假傳道之名，三番兩次攻打北非城市，具體實踐教會的擴張主義。另外一個更實際的原因是，自中世紀以來，歐亞海上貿易由威尼斯和熱內亞等城邦所掌控，葡萄牙人要想打通前往亞洲的路線，非得避開地中海，往南航行，繞過非洲不可。

一四九七年，達伽馬率領船隊從里斯本西邊的貝倫出發，繞過好望角，第二年五月抵達印度南部，連起非、亞洲航線，葡萄牙因而得以壟斷印度洋的貿易。一五〇〇年，葡萄牙「發現」巴西，接著又拿下波斯灣、果阿、麻六甲，後來並開始和中國貿易，船隊甚至航行到達日本。一五五七年，澳門成為葡萄牙的殖民地，里斯本富甲一方，興建於十六世紀上半葉的貝倫塔和熱羅尼莫什修道院，就是用這一大筆財富堆砌而成。

盛極而衰

葡萄牙人的野心在十六世紀中期以後受挫，一五七八年，年輕無子嗣的國王率軍遠征摩洛哥失敗，傷亡慘重，國王也在撤退時溺斃。葡萄牙國力大衰，西班牙趁機強行合併葡萄牙，並統治葡萄牙八十年。葡萄牙國勢從此一路走下坡，僅能勉強維持部分海權，然而葡萄牙帝國氣數未盡，一六九九年殖民地巴西發現金礦，給帝國帶來璀璨金黃的夕陽餘暉，直到五十多年以後。

一七五五年十一月一日萬聖節當天早上，里斯本發生大地震，震垮無數屋宇，隨後而來的海嘯與大火摧毀幾乎整座城市，為帝國敲下喪鐘，葡萄牙的光榮年代從此一去不復返。十九世紀初拿破崙的法軍入侵葡萄牙，王室只得扔下江山，越洋逃至巴西，葡王若昂六世需等到十四年後才能重返里斯本。

共和與獨裁

一九一〇年，共和主義者革命，推翻君主制度，王國不復存在，第一共和國正式成立。共和國好景不長，一九二六年一場軍事政變將葡萄牙變成軍事獨裁國家，一九三二年，原任財政部長的薩拉查（António de Oliveira Salazar）取得政權，擔任總理，他對內推行法西斯專政，獨裁統治葡萄牙三十六年，直到一九六八年因中風失去意識，才卸除總理職務。

一九七四年四月二十五日，一群中下級軍官發動政變，推翻四十二年的右翼政權。政變期間，許多民眾將康乃馨插在軍人的步槍上，表明和平非暴力的心願，史稱此次行動為「康乃馨革命」。革命之日從而成為葡萄牙的國定假日「自由日」，橫跨大河的薩拉查大橋也改名為4月25日大橋。

緩步向前

一九八六年，葡萄牙選出第一位文人總統，同年加入歐洲共同體。

一九九八年，連結里斯本與特茹河南岸的達伽馬大橋開通，這座長逾十七公里、寬三十公尺的大橋，至今仍是歐洲最長的橋樑。同年，薩拉馬戈（José Saramago）得到諾貝爾文學獎，是迄今唯一榮獲此獎的葡萄牙作家。

一九九九年，葡萄牙將最後一個殖民地澳門歸還中國。

二〇一〇年，葡萄牙成為全世界第八個將同志婚姻合法化的國家。

二〇一六年五月初，全國一連四天完全仰靠太陽能、風力和水力等可再生能源來發電，不但創下了歷史紀錄，也洗刷了歐洲髒污國家的惡名。

從里斯本
出發

三度旅遊葡萄牙，前兩次採取利用公共交通工具和租車自駕兩者並行的方式，第三次則以大眾運輸工具為主，計程車為輔。

　　第一、二年，我和約柏以里斯本為葡萄牙之旅的起點和終點，在都會地區和郊區幾乎完全仰賴步行或搭地鐵、電車、公車，到郊區則搭乘區間火車，偶爾以計程車代步。里斯本市中心許多道路狹窄又高低起伏不定，還有不少是單行道，加上停車位一位難求，在市區自駕遊等於自找麻煩，因此我們直到結束里斯本短短數日居遊後，才開始自駕暢遊鄉間。

　　我們從台灣出發前，已上網租妥車子，這樣價格比較划算。雖然里斯本市中心有取車點，我們卻選擇搭地鐵前往市區邊緣的東站（Gare do Oriente），東站是公共交通的轉運站，離達伽馬大橋和高速公路交流道也近，在這裡取車、還車遠比市區方便。

　　自行駕車的一大好處是便於前往交通不便的鄉間，時間上也較有彈性，不必受限於火車或長途客運的班次。如果你駕駛技術高超，或本來就喜歡駕馭車輛馳騁於路上的自由感，租車自駕誠然是周遊葡萄牙的好選擇。好比說，我們就曾駕車前往中部海拔兩千公尺的高山，在山間隱居數日，也曾前往東部接近西班牙邊境，沉浸在中世紀山城的優美風光中。有一回，我們下榻於北部山區的普沙達，有天上午悠哉地吃了豐盛的早餐，上了車，開到國家公園兜風，車子走走停停，翻山越嶺，不知不覺就過了邊界，我們索性到西班牙的小鎮吃了一頓晚來的午餐，還喝了咖啡，然後換條山路，傍晚前回到住處，完成「西葡一日遊」。

　　三度遊葡，我們改飛至波爾圖，先在北部旅遊，接著南下，最終由里斯本出境。這一回不租車，改成主要搭乘火車，不便於步行的短程則叫計程車。如此一來，事前在行程安排上就需要做更詳盡的規劃，行程也較無彈性，無法興之所至，突然想去哪就去哪，某些景點

因此不得不放棄，花在交通上的時間也比較多。然而，不開車有個好處，那就是路上更悠閒輕鬆，移動於兩地之間時，不但可以舒服地坐在車廂中，觀賞車窗外流動的風景或看書，而且不必找路，無庸擔心迷路或車子半路拋錨（我們二訪葡萄牙時就遇過這樣的事，車子在前不著村後不巴店的鄉間道路上突然耍脾氣，耽擱了兩個多小時才得以繼續趕路）。

簡單講，在葡萄牙自助旅行，自駕和搭乘公共交通工具各有利弊，全看旅人如何取捨。無論如何，能否擁有愉快又難忘的旅程，主要取決於當事者的心態，移動的方式不過是可以解決的技術性問題。說到底，世間難有十全十美的事，隨遇而安才是「王道」吧。

不必自駕亦可一日遊：歐比杜什

　　歐比杜什（Óbidos）美得教人讚嘆，走進城裡，到處都是風景明信片般的美景。由是，這座山城吸引無數遊客，就算是旅遊淡季，只要不是颳大風、下大雨或雷電交加的日子，也常有一車又一車的遊客搭著遊覽車、公共巴士或自行駕車前來，徜徉在山城的石板路上，邊走邊瞧著一幢又一幢紅瓦白牆的石造村屋。不少人家和店家給白牆邊緣漆上靛藍色和幾乎無所不在的明黃色，在斑駁的木門邊、窗台上種了紅玫瑰、白薔薇、紫羅蘭，將小城妝點得多姿多彩。

　　山城原是十三世紀的詩人國王迪尼什一世送給妻子的結婚禮物，從此之後直到十九世紀，將城堡當成結婚禮物成為葡萄牙王室的傳統。然而最早來到歐比杜什的其實是古羅馬人，羅馬人在這裡蓋了一座小碉堡，遺跡早已蕩然無存，西哥德人接著前來，隨後是信奉伊斯蘭教的摩爾人，後者在此修築道路，給城區發展奠定基礎，如今圍繞著小城的城牆，最早便建造於摩爾人時代，不過我們今日看到的多半是後來重修的成果。

　　穿過主城門是商業街，兩旁盡是巧克力店、紀念品店、咖啡館和小藝廊等店家，陳列著在風景區常會看到的手工藝品和土產，好比軟木塞做的飾品、花色繽紛的陶盤、印著當地風景或地名的馬克杯、公雞圖案的杯墊桌巾和T恤之類，其中有不少說不定原產於亞洲。有不少商店販售盛裝在巧克力杯中的櫻桃酒，這種甜酒是歐比杜什一帶的特產，里斯本人也愛喝，用巧克力杯則是此地獨特的喝法。

　　從商業街一路往上，終究會到達山頭的古堡，它建於迪尼什一世時期，眼下已改造成高檔的普沙達旅宿。古堡旁邊有個小教堂，內部開了書店，少了祭壇、十字架和聖器，取而代之的是一櫃又一櫃的書，神的殿堂如今是愛書人的樂園了。

📷 看不盡好風光

Igreja de Santa Maria

時間：09:30-12:30，14:30-19:00，冬季提早在17:00關門。

進得城裡，順著商業街走，會到達此城的主廣場，其名為聖馬利亞，聖馬利亞教堂就屹立這廣場邊上。在摩爾人統治期間，這裡原是清真寺，葡王在一一四八年「收復」歐比杜什後，將之改建為教堂，但我們今日所見的教堂建築，主要建於十六世紀，有白色的鐘塔和文藝復興風格的大門。

城牆和古堡

從主城門Porta da Vila進入城內，不怕高的人若看到通往城牆的階梯，請爬上城牆，可遠眺周遭的綠野和老城內部，視野極好，城牆圍繞著老城，似狹長的三角形，慢慢走一圈需要一、兩個小時，請留心安全，牆上並未加裝護欄。古堡如今由普沙達集團經營，是豪華旅宿，但餐廳對非住客開放營業，就算不住在古堡內，亦可用餐。

📖 激推特色書店

Livraria Santiago

地址：Largo de São Tiago do Costelo, Óbidos。

愛書人請別錯過這家美麗的書店。

ⓘ 歐比杜什INFO

歐比杜什在里斯本北方，相距約八十公里。從里斯本可搭火車或巴士前來，火車起站為河畔的Santa Apolónia車站，週間一天有七班，週末六班，其中有些班次需換車，因為是區間車，停靠站多，需要兩小時一刻鐘至將近三小時。

巴士可搭Rodotejo公司營運的「綠色快線」（Rapida Verde），週間的班次較火車多且密集，週末假日較少，車程約六十五至七十五分鐘，車票可上車後向司機買。里斯本的客運站在Campo Grand，地鐵綠線和黃線可至。

多待一兩天更好：宜居小鎮托馬爾

　　雖然十個來到托馬爾的遊客，極可能就有十個是衝著基督修道院（Covento de Cristo）而來，而且大多數都只做一日遊甚或僅僅半日遊，參觀過修道院便趕赴他處，然而如果能多挪出時間，這個位於里斯本東北方近一百二十公里的小鎮，值得待上至少兩天一夜，能待兩夜更好，這麼一來，不但能好整以暇，仔細參觀美到無以復加的修道院，更可以親身體會這葡萄牙中部小鎮的人文風情味和自然風光。

　　托馬爾有友善的人民、適於散步的古老鎮中心、宜人的河畔公園綠地、價格合理（甚至低廉）的咖啡館和餐廳，如果打算自炊，鎮上有規模中等但應有盡有的超市，菜價和大都市的傳統市場差不多。

　　倘若是租車旅遊，大可以在此鎮短租一間民宅，當成旅遊基地，待上五天，周遊方圓百里，好比亦為聯合國世界文化遺產的Alcobaça修道院和Batalha修道院，都在一小時上下的車程內，遠一點的科英布拉，也只在八十公里以外。據說曾發生聖母顯靈事件的天主教聖地Fátima更近，開車只要四十分鐘。

📷 看不盡好風光

基督修道院

時間：十月至五月0900-17:30，六月至九月09:00-18:30，元旦、復活節週日、五一勞動節和十二月二十四至二十五日閉館／收費：需收費／地址：Rua Castelo dos Templários。

在我造訪過的教堂和修道院中，基督修道院之美之宏偉之壯麗，絕對數一數二。它既是修道院，也是城堡，始建於十二世紀初，是羅馬天主教「聖殿騎士團」*的要塞。

十四世紀初，聖殿騎士團被迫解散，改組為「基督騎士團」，以這座修道院兼城堡為基地，持續支持、資助葡萄牙在大航海時代的海上冒險和擴張行動，騎士團本身因而積聚更多財富，修道院自然也就越修越華麗，我們今天看到的基督修道院結合仿羅馬式、哥德式、曼努埃爾和文藝復興風格，在在顯現葡萄牙的黃金盛世的燦爛光輝。

訪客跟隨著參觀動線，首先來到哥德式的墓園迴廊，這裡原是修士和騎士埋骨之地，保有一副十六世紀曼努埃爾風格石棺，遊廊的壁上則貼著十六世紀的藍色花磚。墓園迴廊毗連洗衣場迴廊，這裡曾是修士洗滌衣物之所，兩者都建於航海家恩里克王子時代。

離開洗衣場迴廊，不妨繞到小教堂Capela（牆面和拱頂都貼著黃白藍三色磁磚）和聖器室（天花板有聖殿騎士十字架標誌）參觀。看到這裡，我已讚不絕口，連連說了好幾次「太美了」。殊不知這還只是開場序幕，接下來更是高潮迭起。

當我來到修道院的「圓形教堂」（Charola）時，簡直說不出話來，其精雕細琢和金碧輝煌，讓我除了「鬼斧神工」之外，一下子詞窮

了。此處是修道院的核心，雖稱之為圓形，其實是肖似圓形的十六邊形，據說仿照自耶路撒冷的聖墓教堂。中央有八根高柱，上方相連成八角形，形成祭壇。柱上和牆上有一尊尊聖徒和高階神職人員的雕像，我並非天主教徒，這些雕像的本尊是何方神聖，我一尊也認不出來。不過，這也無妨於我慢條斯理地欣賞壁上的繪畫，細細端詳教堂中的裝飾細節，單是一個圓形教堂，就讓我盤桓了半個小時。

走出教堂，大多數的訪客會去參觀其西面外牆的曼努埃爾窗。其窗框的雕飾繁複，大量使用航海、自然和宗教元素，我隨手記下來的有海藻、貝殼、船錨、繩索和十字架等，形成某種超現實的風格。曼努埃爾窗的對面有小巧的聖芭芭拉迴廊，從那裡可以近距離欣賞窗貌。

除了前面提到的三座迴廊外，修道院還有好幾座迴廊，以主迴廊最耐看，不同於華麗到幾近浮誇的曼努埃爾建築風格，建於十六世紀晚期的主迴廊，採用西班牙和義大利建築師設計，呈現出文藝復興風格。庭院中有一座噴泉，流水淙淙，反而構成寧靜的氛圍，讓我想在這裡多待一會兒，歇歇腿，也讓忙碌的眼睛和為美而震動的心靈，休息一下。

來到基督修道院，請不要走馬看花，藝術瑰寶值得你花上大半天。也請盡量不要大聲交談，而該對歷史和藝術保有一顆尊重的心。那天，我們一早九點多進入修道院，流連忘返，中午就近在食堂簡單吃了三明治當午餐，以便繼續參觀。我們直到接近下午四點，才因受不了部分遊客大呼小叫而離去，而那批興高采烈、一路走一路聊得開心（但就是不聽導遊講解）的團體遊客，講的是台灣腔的國語！

修道院在一九八三年被列為聯合國教科文組織的世界文化遺產，它坐落在托馬爾山丘上，如果是從火車站步行前往，不必一

* 聖殿騎士團

聖殿騎士團成立於公元十二世紀，全名「所羅門聖殿與基督貧窮騎士團」，簡稱「聖殿騎士團」或就叫「聖殿騎士」（也有人譯成「聖堂騎士」），團名中有「貧窮」，是因為成立時成員僅僅九人，且須依靠捐款維持。

聖殿騎士團具有軍事色彩，最初是為了保護朝聖者的安全而成立，因此騎士團幾乎參與「十字軍東征」行動中所有保衛聖地耶路撒冷的戰役。這個天主教軍事修士會有羅馬教廷為後盾，成立後迅速擴張規模、財富和勢力，在十二、三世紀時富甲一方，但由於只聽命於教皇，不聽各國王室和地方主教指揮，終究遭到嫉恨，成員被視為異端，十四世紀初被迫解散，葡萄牙的聖殿騎士團遂改組為基督騎士團。

聖殿騎士團的傳奇和神秘色彩，讓它成為許多暢銷文學作品和電影的背景，比方《達文西密碼》、《傅科擺》和電影《聖戰奇兵》等。

路沿著車道走，請沿正前方馬路先走到共和廣場，廣場左側的市政廳後方的公共澡堂（Baños Publico）一側有階梯徑，階梯頂為車道，右轉上車道走一小段，經過彎路後左手有一條岔路，請離開車道走上岔路，上坡再走一會兒就是修道院。

www.conventocristo.gov.pt/pt/index.php

☕ 來一杯咖啡吧

Legenda Medieval

這是一家非常「在地」的咖啡館／酒吧／糕餅店／小餐館，坐落在火車站至鎮中心的半路上，室內空間不小，但大家似乎更喜歡坐在店外走廊。絕大多數顧客是本地熟客，而且往往是一家大小、扶老攜幼，大人喝啤酒，小孩吃冰淇淋，大叔大嬸看見有熟人路過，會叫住對方，大夥一陣小聊才又各自西東，非常有生活氣息，一點也不觀光。

店家和其他客人對我們這兩個外人非常親切友好，所以我們在托馬爾期間，一連光顧了三次。其價格低到令人不敢置信，好比臨去那一天，我們因為需等上近一個多小時才有下一班火車，兩人一共喝了一杯花草茶、一杯濃縮咖啡、一瓶黑啤酒和一杯氣泡白酒，我拿到帳單時看到價格，簡直想揉眼睛，一共三歐元，新台幣一百二十元不到！

ℹ 托馬爾INFO

從里斯本的Santa Apolónia車站有火車到托馬爾，週一至週五幾乎每小時就有一班，週六、日則是兩小時一班。乘車時間從一百零五分鐘至兩小時。

Rede Expressos亦有巴士從里斯本Sete Rios客運站開往托馬爾，但一天只有四班，車行時間一百零五分鐘至一百四十分鐘。

自駕暢遊：美哉埃武拉

葡萄牙本土有十五處被登錄為聯合國世界文化遺產，埃武拉（Evora）舊城是其中之一。

老實講，我造訪埃武拉之前，並未做足功課，只知道老城是世界文化遺產，古代曾是羅馬帝國在伊比利半島的重要軍事前哨，十四到十六世紀盛極一時，不但備受王室貴族青睞，也吸引文人騷客前來，還成立了一所大學。

「就是個典型中世紀老城吧，」我心想，「去看看也好。」

於是在一個陽光明媚的日子，我們從里斯本驅車前往接下來兩天的旅遊地馬爾旺時，選了里程最長的一條路線，來到位於上阿連特茹地區（Alto Alentejo）的埃武拉。上阿連特茹有一大片和緩起伏的平原，從里斯本前來雖有一百多公里，但路很好走，如果不走走停停，一個半小時應該到得了。

車子開上平原地帶後，道路兩旁盡是連綿的葡萄園、橄欖樹，還有一行又一行的樹木，都是同一種，想必是人工種植，非野生野長。我隔了許久才領悟過來，那些應當是cork tree，亦即栓皮櫟，樹皮是製作軟木塞的原料。葡萄牙盛產軟木，阿連特茹產量尤其大，栓皮櫟甚至被票選為「國樹」，葡萄牙人不只用來製造酒瓶塞，也加工製成皮包、皮夾、皮鞋、帽子和文具等等，在阿連特茹每個旅遊景點都看得到各種軟木紀念品。

埃武拉坐落於坡度和緩的低丘上，想來是地形使然，此城並沒有居高臨下的古堡。我們在城外停好車，穿過城牆，走進保存完好的中世紀老城。除了聯絡城裡城外的幾條幹道，城中的巷道多半曲折狹小，完全是中世紀風情，一如絕大多數葡萄牙城鎮，牆壁刷白的石屋多數都漆上明黃色邊框。

我們造訪歐洲古老的城鎮，通常第一站會先去參觀主教座堂（Sé），因其往往是信仰的中心。別的不說，單是觀察教堂的建築、收藏的聖器和文物，還有教堂的現況，就多少能夠明瞭這個城鎮古往今來的變與不變。

這一回也不例外，我們從城中心的主廣場Praça do Giraldo沿著長巷，走到起建於一一八六年前後的主教座堂。十二世紀晚期是仿羅馬式建築和哥德風建築交錯的時代，主教座堂外觀看來像碉堡，有兩座塔樓，渾厚莊嚴，偏向仿羅馬風格，門口兩旁分列著耶穌十二門徒的石雕，彷彿在迎接你走進神的世界。進入教堂，哥德風格變得較明顯了，高聳的拱頂下方是釘在十字架上的耶穌像，令人仰之彌高。

　　我最喜歡的是增建於十四世紀的修道院迴廊，四個角落各有一座樓梯，其中有一座開放，讓人可以上樓俯瞰四方形的天井和草地上的橙樹，塔樓頂層則可眺望全城。迴廊裡供奉著埃武拉最後四位大主教的石棺，熾熱陽光透過拱窗照進相對幽暗的走廊，室內如此陰涼，那地上的光彷彿在古遠的時空中凝結了，這座教堂和迴廊果真具體呈現了埃武拉的黃金時代。

　　走出教堂，我們隨意選了一條與來時不同的道路，走沒幾步，就到了另一座小廣場，右前方赫然是古羅馬式的神殿，不，我不該稱之為「古羅馬式」，因為那真的是羅馬時代的神殿遺跡。

　　老實說，比起我在羅馬和南法參觀過的羅馬時代古蹟，這座建於公元二世紀或三世紀初的神殿並不特別龐大，其難得之處在於，歷經一千八百多年的歲月摧折，仍有十四根科林斯列柱大致保持完好。後來查資料方得知，神殿在中世紀曾加砌圍牆，成了小碉堡，跟著被當成屠宰場使用，人們直到十九世紀晚期才發覺，屠宰場原是古羅馬神殿。如今想想也滿有意思，要不是神殿一直派得上用場——雖然是奇怪的用場——說不定早就被拆毀，石柱給拿去蓋屋子了。

　　埃武拉既有中世紀留存至今的小巷弄和恢弘的大教堂，讓人得以懷想昔日風情，也有古羅馬時代的遺跡供人瞻仰，優雅的廣場上更有露天的咖啡座，給人歇歇腿或嚐嚐阿連特茹風味菜色，我真慶幸自己沒有錯過這美麗的小城。

📷 看不盡好風光

羅馬神殿
地址：Largo do Conde de Vila Flor。

主教座堂
時間：09:00-17:00，週一、十二月二十四日下午、聖誕節和元旦當天閉館／收費：需收費／地址：Largo do Marquês de Marialva。

Capela dos Ossos
時間：六至九月09:00-18:30；十至五月09:00-17:00／收費：需收費／地址：Praça 1 de Mai。

這座小教堂附屬於聖方濟教堂（Igreja de Sâo Francisco），俗稱人骨教堂，建於十六世紀，牆壁和樑柱上都堆疊著人骨，據說共有五千副骨骸。

ℹ️ 埃武拉INFO

除了自駕，也可搭乘火車或長途巴士從里斯本直達埃武拉。火車從里斯本東站出發，一天只有三至四班，車程一百分鐘左右；巴士由Rede Expressos營運，從里斯本的Sete Rios客運站出發，從市中心可搭藍線地鐵前往，下車站為「動物園」（Jardim Zoológico）。班次較密集，幾乎是一小時就有一班，行車時間也是一百分鐘上下。

戀戀山村：馬爾旺

　　車子離馬爾旺還有好一段路途，遠遠地便能瞧見高踞於峭壁上的城堡，地勢逐漸升高，我們沿著蜿蜒的山路向上，一路上不時出現髮夾彎，考驗駕駛人的技術和耐心。

　　轉過最後一個髮夾彎，前方是巍然的城牆在眼前，厚重的石牆圍住整個村子，僅能供一輛車通行的拱門是山村的出入口。約柏猶豫著是否要將車子停泊在拱門的小停車場，兩人拉著行李步行進城算了，因為過了拱門，又是另一道更窄的拱門，後方接著狹窄的石板路，顯然不是好走的馬路。而且，萬一城裡沒有停車位怎麼辦？

　　考慮了一會兒，決定還是冒個險，開車進城。「自我們轉進上山的公路以來，一路上沒有看到多少車輛，交通一點也不擠，表示人潮不會太洶湧。」我對約柏分析說，「再說，要是裡頭已無停車位了，應該會有車子停在村外，可是這裡空空蕩蕩的，一輛車也沒有。」

　　我表面講得頭頭是道，說穿了其實是懶，因為我們將下榻的旅館在古堡邊上，而我看地圖，古堡在城西端的最高點，我可沒辦法拖著大行李走幾百公尺的上坡路。

　　後來發現，這個決定是正確的，因為整座村莊坐落在山頭上，古堡為制高點，海拔近九百公尺，山勢陡峭。倘若兩手空空，爬坡或走房屋之間的階梯捷徑都不是問題，要是還得拖行李，那可吃不消。

　　在旅館旁邊停好車，約柏終於鬆一口氣，村中的石頭路面顛簸不平，既陡峭又狹窄，萬一有車子從反方向開來，不但不能會車，連靠邊禮讓來車都幾近不可能，他一開車進村就提心吊膽。

　　「還好，路上始終都只有我們一輛車。」約柏說。誠然，這裡安靜得出乎我意料，要不是路旁人家半掩的窗紗裡有驚鴻一瞥的人影，長巷中有踽踽獨行的老婦人，否則我還真以為小村沒有人煙。這是因為五月還是旅遊淡季

嗎？還是由於那會兒已經四點多了，一日遊或半日遊的遊客多半已離去？

　　同樣是山城，論起名氣和觀光業發達的程度，馬爾旺遠不及距離里斯本更近的歐比杜什，對外交通不像後者那麼方便，村子的規模也小，逛上一圈大概只要兩個小時，然而正是這些「缺點」讓馬爾旺寂靜但不落寞，大不同於歐比杜什在旅遊旺季的熱鬧。

　　至於何者孰優，當然是因人而異，見仁見智。我呢，雖然看來活潑外向，但個性中始終有好靜甚至孤僻的成分，因之從小就不大喜歡團體活動，除非是工作或是不得不然，熱鬧的場面我通常看一會兒就好，攪和一、兩小時是極限，哪裡人多，我通常就往另一頭走去。

　　是以，幽靜的馬爾旺正合我的意。這村子的主要收入雖是觀光業，為方便遊客，小小的村子就有三、四間餐館、幾家不大的旅館民宿和一個小雜貨店，然而價格合理，不是「遊客陷阱」。難得的是，這裡沒有粗糙的土產店和陳列販賣平庸畫作的偽藝廊，讓我在視覺上和心理上都覺得舒服。

　　小村曲折狹長的鵝卵石路最適合漫步，晃晃悠悠，隨處走，隨興拿起手機拍照，都不會有穿著螢光色T恤和短褲、一望即知是遊客的路人突然走進鏡頭中，說不定你會跟我一樣，在檢視方才拍下的畫面時，誤以為自己的攝影技術突飛猛進，不然怎麼可能拍出這麼美的風景照?!

　　站在城牆上看出去，阿連特茹平原的景色一覽無遺，這裡那裡散落著一叢叢紅瓦白牆的房屋，不太遠的山上有另一座古堡，那是展望堡（Castelo de Vide）嗎？將視線投向東方，天氣晴朗無雲時或許會看到綠野中有一團灰黃紅褐的影子，朦朦朧朧的，像是座城鎮，那裡是西班牙，邊界離馬爾旺不過十公里。

　　「從馬爾旺看得到整片大地，」已故諾貝爾文學獎得主薩拉馬戈在其遊記中寫道：「有件事可以理解，訪客站在這裡，高踞於馬爾旺城堡的堡壘上，會恭敬地低語道：『世界何其遼闊。』」

　　在山村馬爾旺，我懷抱著敬畏之心，頌讚大地之美。

📷 看不盡好風光

城堡

時間：10:00-17:00／收費：需收費，但當地居民免費。

龐然的城堡如今是馬爾旺主要的景點，它屹立於峭壁上，居高臨下，又離邊界不遠，在十九世紀以前一直是軍事要塞。城堡起建於十三世紀，但現存的建築大多數是十七世紀重修的成果。入口處有一座拱頂蓄水池，裡頭仍蓄著水。

城牆

城堡之外的另一個必訪地就是城牆頂上的通道，沿著城牆繞村走，極目遠眺，讓人心曠神怡。城牆頂並不特別寬，好在平坦好走，只是懼高症者仍需當心。

🍴 滿足口腹的美味料理

Varanda do Alentejo

時間：週一至週六午、晚餐時段皆營業，週日只有午餐／地址：Praça do Pelourinh 1／電話：+351 245 909 002。

這家餐廳供應的主要是阿連特茹鄉土菜，多數為肉類，豬肉尤多，但也有鱈魚乾等菜色。天氣好時可在露台上用餐。

O Castelo

時間：09:00-23:00，週五、六營業至午夜／地址：Rua Dr Matos Magalhães 7。

和我們下榻的旅館Dom Dinis是同樣的經營者，與旅館隔街相望，有露天座位，也可坐在可愛的小花園中喝點東西，供應午餐和輕食。

💲 良憶帶你血拼去

Mercearia de Marvão

老城中唯一一間雜貨店，販賣日用品、食品，也有一些土產，價格公道。我在這裡買了一瓶馬爾旺周遭一帶特產的橄欖油，包裝質樸，回台北後打開一嚐，當場後悔沒多買一瓶。這家雜貨店每天早上九點半到傍晚七點營業，店旁就是店主經營的民宿。

ℹ️ 馬爾旺INFO

馬爾旺距離里斯本超過兩百七十公里，和里斯本之間一天有一班Rede Expressos長途巴士，上午從里斯本Sete Rios客運站出發，下午由馬爾旺返回里斯本，車程近四個半小時。

順道一遊：展望堡

　　Castelo de Vide既是馬爾旺城堡的姐妹古堡，也是古堡底下小鎮的名字。展望堡城鎮的規模比山村馬爾旺大，生活機能也比較健全，因此小鎮雖不像馬爾旺那麼幽靜，然而倘若打算在這一帶盤桓兩、三天，下榻於展望堡，白天探索周遭的小村和景點，或許更方便一點。

　　展望堡最重要的景點，是全鎮最高點的城堡，視野很好。更有意思的是，不同於大多數古堡不是傾頹了就是僅餘觀光功能，城堡牆內迄今仍有居民住在老宅中，讓訪客在古意盎然中看到日常生活景象。

　　城堡旁邊有一個區域叫Judiaria，亦即「猶太區」，十二世紀起即有猶太人居住，十五世紀初又有大批在西班牙受到迫害的猶太人逃至此地，這裡仍有一座猶太會堂。

　　展望堡以擁有優質礦泉水而聞名，鎮上有好幾個汲水處，請帶著空瓶空罐前來。

✕ 滿足口腹的美味料理

O Miguel
營業時間：12:00-15:00，19:30-22:30，週日公休／地址：Rua Almeida Sazedas 32／電話：+351 245 901 882。

我既沒有看旅遊指南，也未上網查詢，就只是下午一點多經過門口時，看到幾位當地人模樣的大叔相偕走進這家館子，決定也光顧一下，結果滿意地吃了一頓飯。小館供應的遠遠不是精緻美食，而是可口實惠的家常鄉土菜，週間平日有特惠午間套餐。店中客人多是本地熟客，掌櫃待人和善。

ℹ 展望堡INFO

展望堡在馬爾旺西邊約十公里半，自駕僅需二十幾分鐘，一路風光優美。小鎮距離里斯本路途超過兩百公里，自駕車程約兩個半小時左右。從里斯本Sete Rios客運站，每天有兩班Rede Expressos長途巴士至展望堡，費時四小時出頭。

徜徉
里斯本周邊

卡斯凱什的pesticos

卡斯凱什原是寧靜的漁村，一八七〇年國王在此設了夏季行宮，從此成為里斯本人趨之若鶩的海濱度假地。直到現在，里斯本人仍喜愛來卡斯凱什和鄰近的埃斯托利爾，這兩地有綿延的沙灘，是弄潮和做日光浴的好地方。

卡斯凱什的老城並不大，主要的人行徒步道鋪著波浪形黑白兩色磁磚，好似在呼應大海，步道兩旁林立著商店和餐館，不知何故有好幾家都在賣印度菜。老城也有彎曲的小路帶領遊客走向無敵的海景、小博物館、遊艇碼頭和有露天座位的海鮮餐廳。

吸引我們二度來到這裡的，正是這裡的一家餐館，當然不是印度餐廳，亦非可以吃到炭烤沙丁魚的典型葡萄牙海鮮店，而是開在港邊堡壘Cidadela de Cascais裡的「廣場小館」（Taberna da Praça），它附屬於堡壘內的普沙達旅宿，樓上還開了一家小巧可愛的書店，書架上方的五個時鐘顯示五個不同時區的時間，時鐘下方標示的卻非地名，而是五個國家的知名作家，分別是毛姆（英國）、馬奎斯（哥倫比亞）、帕慕克（土耳其）、保羅·奧斯特（美國）和村上春樹（日本）。

我們喜歡這裡的環境，尤其是露天座位，因為位於堡壘內庭一側，沒有車輛經過，不像市區那麼熙熙攘攘。遮陽傘擋住了熾烈的陽光，但遮蔽不了藍天白雲帶給人的好心情，海風習習，越過城牆，穿過廣場，吹拂在裸露的手臂上，揮走了熱意。

我們也喜愛小館帶有新意的傳統葡萄牙菜，不矯飾不做作，滋味卻比鄉土菜細緻。這裡既有從前菜、主餐到甜點的一般菜單，也有類似西班牙tapas的各式各樣pesticos，後者份量不會大得驚人，可下酒，也可當成正餐，兩人來個三、四道，配上麵包、橄欖，再各來上一杯啤酒或葡萄酒，舒舒服服地吃上一頓，吃巧也吃飽。

倘若是平日中午去，還有超值的午間特餐，十二、三歐元可選一道主菜連同甜點和一杯飲料，麵包、甜點和飲料等於是奉送的。

　　從里斯本搭火車到卡斯凱什，車程僅四十分鐘左右。堡壘距火車站約一公里，不妨早上就從里斯本市區出發來小鎮，出了車站，先去車站附近的海灘散散步，然後穿越老城，一路慢慢走，優哉游哉地看看風景，欣賞碼頭風光，最後來參觀堡壘，並且好好地吃一頓午餐。

✕ 滿足口腹的美味料理

Restaurante Taberna da Praça, Pousada de Cascais
地址：Avenida D. Carlos I, Cascais／電話：+351 21 481 4300。

ⓘ 卡斯凱什INFO

里斯本至卡斯凱什的火車起站在Cais do Sodré，這裡也是地鐵綠線的終點站。車站內有售票處和自動售票機，但時常大排長龍，最好事先備好可現金充值的Viva Viagem卡，並確保卡內有足夠金額（建議至少五歐元），如此可省卻不少麻煩。

尋找天涯海角

　　頭一回到里斯本居遊，人都到了卡斯凱什了，卻抗拒著沒去車程不過半小時左右的羅卡角（Cabo da Roca），那歐洲大陸的最西端、各國旅遊團必到的景點。說不上來為什麼，是基於某種「反骨」，出自「所有的觀光客都去，我偏就不去」這表面灑脫實則傲慢的心理嗎？

　　雖然依舊不甘於只當個獵奇的遊客，期許自己能成為不流俗的旅人，近來卻逐漸認清自己原就是觀光客，只要尊重當地習慣和文化，舉止言行不去冒犯或打擾到當地人，就犯不著刻意與眾不同。再說，來到葡萄牙越多次，越對這個國家歷經輝煌後衰敗的歷史感到興趣，而羅卡角對於數百年前的里斯本人乃至葡萄牙人而言，就是天涯海角，是大航海時代文豪賈梅士在其史詩中提及的「大地之終、海洋之始」；說到底，我理當去那兒走一走、看一看，設法揣摩古人來到這陸地的盡頭，面對著不可知的大海，會有什麼樣的心情吧。

　　羅卡角和辛特拉、卡斯凱什的地理位置像三角形，有一路公車連結三地，我看了地圖，決定從卡斯凱什出發，一方面更便於連結往返里斯本的交通，二來一路上會有較多時候行駛在大西洋沿岸，想來可以欣賞到海岸風光。

　　既是歐陸西端，應該是最接近夕陽的地方，羅卡角遂成為觀賞日落的勝地，然而我最害怕人山人海的場面，因此下午四點就從火車站附近搭上公車。車子起先繞行於小鎮和近郊的住宅區與小村，看來像本地居民和通勤學生模樣的乘客紛紛下車後，屋宇的間距變大，這時還留在車上的，我猜大多是遊客。

　　公車迂迴行駛在海岸丘陵彎曲的公路上，車頭左側不時出現連綿的沙丘、遼闊的海景，繞了幾個彎後，卻又能窺見岩石嶙峋的小海灣，看得我目不暇給，坐在我前方的阿伯卻幾乎全程都在打盹，想必不是遊客，否則哪能不貪看這千金難買的美景？

車子駛離主要公路，左轉開下坡道，穿過一個小村、經過幾家咖啡館和民宿後，在地勢相對平坦的荒野道路上又開了一會兒，緩緩停下，羅卡角到了。

　　下車處的右前方有座燈塔，但那裡並非羅卡角，目的地的岬角在左前方，絕不可能錯過，一來是因為人潮都往那兒走，再來是遠遠地便可瞧見那座建於一九七九年的紀念碑。

　　我和約柏分散開來，他走向少人的地方，找尋攝影畫面。我沿著懸崖頂的小徑，走向岬角尖端。曠野風大，我趕緊繫上圍巾，以免著涼。風呼呼地吹著，吹得我腳步顫巍巍，提心吊膽，生怕一不留神會墜崖，這裡有一百四、五十公尺高呢。不過，我其實是杞人憂天，因為羅卡角可是熱門景點，崖邊都圍著護欄，除非你自己光顧著拍照或自拍，白目攀越欄杆，否則要失足落海還真不容易。

　　岬角上沒有樹，遍野長著不知名的多肉植物，緊貼著地面，粗松針般的綠葉尖梢一抹赭紅，我後來上網查詢，才知那是一種冰草，原產於南非，被引進葡萄牙當作觀賞植物不過三、四十年，因侵略性強，且耐寒又抗風，如今野生野長，染得滿岬角一片綠中帶赭。

　　我走到紀念碑前面，碑頂是白色的十字架，面朝大西洋那一面有塊石板，刻著賈梅士膾炙人口的詩句。海風中傳來不同的語言，我能辨識的有英語、法語、西語、義語、葡語、韓語和不同口音的華語，不時還飄來幾句閩南語。遊客們自動排起隊伍，輪流立於紀念碑前拍照留念。

　　我離開人群，步向和燈塔相反的另一端，直到再往下就沒有好走的小徑，這才停下腳步，望著藍天碧海、峭壁斷崖和不斷拍打著岸上礁岩的浪花，覺得此情此景似曾相識。這景色有點像清水斷崖，也令我想起恆春半島的龍磐崩崖。

　　約柏不知何時走到我身邊，看著大海說：「妳覺不覺得這裡像台灣東岸？」

　　我微笑著點點頭。我們飄洋過海，飛越萬里，來這裡追尋天涯海角，卻發覺天涯海角始終就在我倆的腳下。我們回過身來，手挽著手，一同舉步，拾著小徑，走向站牌，五點多了，看夕陽的人潮快來了吧。

ⓘ 羅卡角INFO

羅卡角在里斯本西邊約四十公里，可租車自駕，亦可從辛特拉或卡斯凱什搭Scotturb公車403號前往。自卡斯凱什出發車程稍短，公車站在火車站右側出口對街，可在車上購票。

羅卡角公車站牌旁的旅遊服務中心售有旅遊證書，花錢買上一張，服務人員就會在證書上以花體字寫下遊客的大名（當然是洋名或羅馬拼音，請別要求人家寫中文），證明其人曾到此一遊。

避暑勝地辛特拉

　　坦白講，辛特拉單單一日遊遠遠不夠，這個山間小鎮有好幾個值得造訪的景點，每一處都需要待上半天，最好能在這裡過一夜，才能好整以暇地參觀各個景點。再不就像我們這樣，不貪求一天內走完，分成兩天遊覽，反正從里斯本市區搭火車前往辛特拉約四十分鐘，班次也多。

　　辛特拉是聯合國世界文化遺產，因為坐落在群山之間，周遭是蒼翠的森林，平均氣溫低於里斯本，數世紀以來是葡萄牙皇室和上流階級的避暑勝地，山間如今仍散落著氣派的豪宅別墅、莊園旅宿和古雅可愛的小旅館。

　　英國浪漫主義大詩人拜倫十九世紀初造訪辛特拉，愛上了這裡，後來在他的詩作中稱呼辛特拉是「光輝燦爛的伊甸園」。隔了五十多年，丹麥作家安徒生也來到小鎮，同樣為辛特拉所著迷，在他眼中，辛特拉是「葡萄牙最美麗的地方」。

　　我們沿著馬路上山，不期然撞見以拜倫為名的小巷，石階不知通往哪裡；拾著山間小徑一路往下，走到半山腰，看到一間老宅，灰泥牆刷成鮭紅色，門邊有塊告示牌，走進一瞧，原來是安徒生一八六六年在辛特拉暫居之所。辛特拉風景誠然優美，在在符合旅人的浪漫想像，然而不知怎地，我記憶最深刻的，卻往往是這樣偶遇的時刻。

📷 看不盡好風光

佩納宮（Palácio Nacional da Pena）

時間：10:00-18:00／收費：要收費，可買辛特拉觀光聯票。

佩納宮是一幢教人不知該如何形容的宮殿，它富麗堂皇，卻不古典，比較像迪士尼樂園中的城堡，讓人恍然間有如走進童話世界。宮殿建築結合洋蔥屋頂、鋸齒形塔樓、拱門、曼努埃爾風格的石雕，還有無所不在的花磁磚……來自不同文化、不同時代的各種元素交織在一起，教人看了簡直快喘不過氣。在炙熱的陽光下，外牆上那或檸檬黃或玫瑰紅的色彩，也鮮豔明亮讓人幾乎無法逼視。

宮殿內部展示著皇家的尊榮和財富，走完一廳又是一廳，沒有一面牆空空如也，上頭就算沒有浮雕或壁紙，至少也得用透視手法繪上壁畫，留白並不是佩納宮的風格。室內陳列著昔日皇室貴族的日用器皿家具，鑲珠嵌寶、金碧輝煌不在話下，當然也少不了馬賽克磁磚，連天花板上都有。總之，佩納宮不拘一格，就是古怪，古怪而有趣。

後來查資料，方得知這宮殿建於十九世紀中葉，主人是葡萄牙女王瑪麗亞二世的日耳曼裔丈夫斐迪南二世，建築師也來自普魯士。當時正是日耳曼浪漫主義狂飆的時期，直覺、想像力、感性和對夢想的追尋和實踐，是那個時代的主旋律，同樣出身於日耳曼文化的業主和設計者，想來很難不受到影響。放在這樣的時空與人文背景下來看，佩納宮的風格之所以如此不羈，在奢華的皇室建築語彙中肆意加進超自然元素和神秘色彩，就也是理所當然的事了。

佩納宮居高臨下，從大門口至主建築物，尚需爬一段坡路，腳力欠佳或想保持體力，可以在入口處搭乘付費的接駁車。

www.parquesdesintra.pt/en/parks-and-monuments/park-and-national-palace-of-pena/

摩爾城堡（Castelo dos Mouros）

時間：10:00-18:00／收費：要收費，可買辛特拉觀光聯票。

摩爾人十世紀在與佩納宮遙遙相對的山頭興建城堡，如今城堡早已不見蹤影，我們只能藉著殘留的鋸齒形城牆壁壘，緬懷那古遠以前的時代。其實，摩爾城堡的美景不在於其本身，而是周遭的風景，天氣晴朗時，站在城牆遠眺腳下的鬱鬱蔥蔥的森林、散落在山林間的宮殿宅邸，頓時明白「美得令人屏息」是什麼樣的感覺。

從佩納宮徒步前來城堡廢墟有兩條路線，一是沿著公路走，二是拾著山徑。我們走的是第二條路線，不但較省時，更重要的是，沒有殺風景的車輛從你身邊駛過，清靜多了。

雷加萊拉莊園（Quinta da Regaleira）

時間：四至九月09:30-20:00，十至三月09:30-18:00，十二月二十四、二十五日不開放／收費：獨立收費，沒有聯票。

如果說佩納宮肖似童話中的城堡，雷加萊拉莊園則簡直是大人的主題樂園。

這座莊園原是雷加萊拉男爵的財產，十九世紀末被人稱「錢多多」（Monteiro dos Milhões）的巴西咖啡大亨孟泰盧（Carvalho Monteiro）購下，他聘請義大利的歌劇布景設計師兼建築師馬尼尼（Luigi Manini）為他打造夢想中的豪宅和莊園，整片物業從一九〇四年動工，花了六年才完工，呈現於世人眼前的，是既奢華又浮誇的新曼努埃爾風格建築，除了大宅外，占地甚廣的庭園中有小教堂、洞窟、地道、池

塘、噴泉、假山瀑布和不知道為什麼會在那裡的城牆和城門等等，不論外觀或內部，都讓人說不上來它到底屬於哪種風格，「浮誇」、「任性」、「詭異」和「超現實」是我在參觀時心頭不斷浮現的形容詞。我不由得開始胡思亂想，孟泰盧這位超級富豪蓋了這樣一座遊樂園，是要滿足失落的童年嗎？

庭園內最有名的，是那座「未了井」（Poço Iniciático），它名為井，卻不是井，而是九圈螺旋梯，從頂端俯瞰，視覺的確似乾涸的水井，井底連接著陰暗的地道，以營造神秘的氣氛。可惜的是，我們去的那天適逢鄰國西班牙的國定假日，莊園遊人如織，未了井必須實施交通管制，有專人在樓梯間看守，只准眾人依序往下，不得反向往上爬，且不允許在樓梯上停留，大夥也就只好一個挨一個，慢吞吞地下樓，井中人聲嚶嚶嗡嗡，熱鬧得很，哪可能會有神秘氣息。

走出未了井底的地道，重見光明的那一刻，我發現那扇莫名其妙的「城門」，原來是井底的出入口。

ⓘ 辛特拉INFO

從羅西烏車站搭乘班次密集的辛特拉線（Linha de Sintra），在終點站下車。出車站後右側為Scotturb公車站牌，對面有兩條路線是為遊客所設，都只在早上九點半至傍晚六點多之間行駛。434號為佩納循環線，平均十五至二十分鐘一班，從火車站經辛特拉宮（Palácio Nacional de Sintra）、摩爾城堡、佩納宮折返鎮中心和車站。請注意，公車往返走的是不同的山路，參觀完佩納宮後就無法搭公車至摩爾城堡，不過城堡和佩納宮相距並不遠，兩站之間不妨步行，建議先看地勢高的佩納宮再前往城堡，大部分是下坡路，較好走。

435號連結四處莊園或宮殿，但不包含佩納宮，班次較少，平均二十五分鐘一班，從火車站出發經辛特拉宮後到雷加萊拉莊園。旅遊旺季遊客眾多，不耐久候且腳力還行的話，不妨步行約十分鐘至鎮中心的辛特拉宮，再走一段不很陡峭的坡道，按一般速度，十五分鐘內就能抵達雷加萊拉莊園。如欲徒步前往，從火車站出來，請向左轉，按照標示著Centro Histórico的方向前往。

華麗宮殿克魯茲

　　克魯茲在里斯本西北邊十二公里，從羅西烏車站搭火車，車程僅需二十分鐘。小鎮主要也是唯一的景點是建於十八世紀的克魯茲宮（Palácio de Queluz），它起初是皇家狩獵行館，後來才改建為洛可可風格的宮殿，成為女王瑪麗亞一世的行宮，女王在這裡度過她一生大部分時光。女王的孫子、後來身兼巴西皇帝和葡萄牙國王的佩德羅四世（巴西的佩德羅一世，也就是里斯本羅西烏廣場上那尊雕像的本尊）在此宮出生，後來以三十五歲之齡，病逝在宮裡同一張床上。

　　克魯茲宮有兩位建築師經手設計，其中一位是法國人。由於當初在建造時，以凡爾賽宮為本，因此裡裡外外都看得出凡爾賽風味，好比戶外工整的幾何圖形花園、林蔭大道和噴泉雕像。還有一條供皇室行船遊樂的小運河，壁上鑲著磁磚，顯現葡萄牙特色。

　　循著既定動線參觀室內，也讓人聯想到凡爾賽宮，尤其是金碧輝煌的鏡廳，鏡像之間虛實難分，著實有趣。宮殿內部每間廳堂和寢室亦極盡奢華雕琢之能事，大廳的天花板和牆上的壁畫描繪著歷史或寓言故事，想要細細地看，可得花上不少時間，如果對皇室歷史、宮廷文化和藝術感興趣，在克魯茲宮待上一天，應該不會嫌膩。

克魯茲宮對面為三星等級的普沙達旅宿，Pousada Palácio de Queluz。內部設備不走豪奢路線，但色調溫暖，客房和浴室大，住來倒也舒適。值得一提的是，普沙達的餐廳坐落於皇宮內，原是宮殿的廚房，供應道地葡萄牙菜，當中有數道根據皇室食譜烹調。菜色價位和水準中等，貴氣的用餐環境卻是一流。

📷 看不盡好風光

克魯茲宮

時間：09:00-18:00／收費：需收費／地址：Largo do Palácio Nacional, Queluz／電話：+351 21 435 6158。

www.parquesdesintra.pt/parques-jardins-e-monumentos/palacio-nacional-e-jardins-de-queluz/

ℹ️ 克魯茲INFO

從羅西烏車站搭乘班次密集的辛特拉線（Linha de Sintra），在Queluz-Belas下車後可搭計程車，也可步行前往，約需十三分鐘。

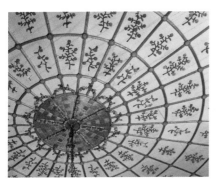

波爾圖的
華麗和滄桑

夢中，聽見悠揚的小號樂聲，是巴哈嗎？

睜開眼，窗簾邊緣縫隙透著微微的天光。枕邊人睡得正甜，我起身走進廚房煮咖啡，將摩卡壺放在爐上，開火，跟著到客廳，拉開落地窗簾，讓大片陽光灑進來，推開雙扉窗，樂聲更清楚了，古典樂換成了爵士樂。

我探頭往右側看去，看不清楚一百多公尺外是否還是那同樣的身影，想來是吧，每天早上都被這小號聲喚醒，那是主教座堂（Sé）邊上的一位賣藝人。

上方傳來「歐歐」的聲音，是海鷗，牠們正飛往杜羅河（Rio Douro）的方向。數年前還住荷蘭港都鹿特丹時，這高亢的啼聲曾是我最熟悉的聲音，這會兒聽來還真覺得親切。

這裡是波爾圖，一個天上也有海鷗飛翔的港口城市。

還沒來到波爾圖前，我聽一些人說，波爾圖沒什麼，跟里斯本很像，去一次就好，不去也無妨。對於這個說法，我半信半疑。半信，是因為從旅遊風景圖片觀之，波爾圖看來和里斯本面目相仿，也靠近大河的出海口，同樣坐落於連綿的山丘上，地形因之高低起伏不定；半疑，則是由於葡萄牙王國畢竟創建於葡萄牙北方，王國當年首度遠征北非，就是從波爾圖出海。這港都既是有歷史的城市，就應該也是個不缺乏「故事」的地方。於是我來到這裡，住上幾天後便發覺，波爾圖遠遠不是里斯本的次等翻版，而有其獨特樣貌，散發著不同的氛圍，所以我一去再去，三年間居遊了兩回。

我喜歡這城市的華麗與滄桑，對我而言，那正是此城最大的魅力。波爾圖像是個曾經不可一世的英雄或一度顛倒眾生的美麗人兒，雖已老邁遲暮，但依舊氣宇不凡、風情萬種，只是你在那股力持不變的尊榮和氣派中，多少會感覺昔日的華彩已逐漸褪色，不由得心疼了起來。

不同於里斯本自八世紀初期起曾有四百年是摩爾人的城市，波爾圖的摩爾時期並不長，基督軍隊在九世紀中期就擊敗摩爾人，「光復」北方，並將杜羅河出海口一帶稱為Condado de Portucale，這就是後來Portugal國名的由來。是以，波爾圖受到伊斯蘭文化的影響較小，看不見多少伊斯蘭教

文明的遺跡殘影。

　　再者，由於里斯本在十八世紀中葉發生大地震，如今除了當時災情較不嚴重的地區外，里斯本就城市外觀而言，並不像波爾圖那麼古老。波爾圖的老城保留了更多的中世紀建築，尤其是市政廳所在的阿里阿多什大道（Avenida dos Aliados）周邊以及河岸大街（Cais da Ribeira）一帶，存有許多迷宮似的曲折窄巷，那些都是中世紀的街道。

　　波爾圖大多數的景點，舉凡路易一世橋（Ponte de Dom Luís）、主教座堂、聖本篤車站（Estação Ferroviária de São Bento）、既是市場也是知名景點的波良市場（Mercado do Bolhão）、名列「世界最美書店」之林的萊羅書店（Livraria Lello）等，都集中在這兩區，步行皆可到達。居遊波爾圖，不妨租居於此。

📷 看不盡好風光

河岸大街

河岸大街並不只有一條街，整個河濱區在水岸的那一長條步道廣義上都算河岸大街。這裡是世界文化遺產，也是波爾圖最熱門的景點，白天遊客熙來攘往，清早和傍晚最適合漫步，邊走邊欣賞河畔漆成不同色彩的老屋，看繫在碼頭邊的平底駁船（bacos rabelos）在水上搖晃。如果是午後，嫌人潮太多，可以鑽進縱橫交錯的小巷，看晾掛在人家窗外的五顏六色衣物在風中飄揚，假如見著小酒館，不妨坐下來喝一杯咖啡或淺酌一杯波特酒，總之，就甘心當個無所事事的觀光客。

路易一世橋

在我心目中，波爾圖最有代表性的地標非路易一世橋莫屬。這座鋼鐵拱橋落成於一八八六年，橫跨杜羅河兩岸，連接波爾圖與對岸的蓋亞新城（Vila Nova de Gaia）。橋分兩層，下層供一般車輛行駛，也有狹窄的人行道；上層有輕軌火車鐵軌，兩側還有較寬敞的步道，如果是從波爾圖這端往蓋亞新城行去，請走右側，在橋上回望老城也好，俯瞰粼粼波光或兩岸風光也好，不論是白天或夜晚，都美得驚人。碰上起霧的早晨，立在橋上，看輕軌火車鑽出濃白的朝霧，緩緩朝向你駛來，那般神秘迷離的景象有著別樣的美。

主教座堂

時間：09:00-19:00，迴廊提早半小時閉館／收費：教堂免費參觀，迴廊收費，主教宮需付費，導覽費用含在門票中／地址：Terreiro da Sé。

宏偉的主教座堂屹立河岸的山丘上，外觀如碉堡，始建於十二世紀初，但一百年後有一大部分建築重修，到了十八世紀又做了一番整修，形成我們現今見到的模樣。教堂的玫瑰窗和毗連的十四世紀修道院迴廊，則仍保持原樣。

因為最近這一次居遊波爾圖的住處離主教座堂很近，我曾三度在不同時間造訪，覺得最美的時候是下午兩、三點，午後的陽光透過彩繪玻璃照進室內，給教堂蒙上神聖的氣息。有一回，恰好碰上那時剛過世的波爾圖主教的追思彌撒，市民扶老攜幼，穿上體面端莊的衣裳，來到教堂送主教最後一程，整座教堂座無虛席，連走道上都站滿了人。信眾在女高音的帶領下，唱起聖詩，悠揚中帶著些許哀傷與不捨的歌聲，彷彿在祈求上蒼垂憐逝者、庇佑生者，不信教的我聽著聽著，竟然動容了。

另外，主教座堂旁邊的主教宮（Paço Episcopal do Porto），曾是歷任主教的住處，二○一六年才開始對外開放參觀，但所有訪客都必須跟從導覽（有英語導覽）行動。由於知者尚不多，比起附近其他景點，人影相對寥落，我們參觀的那天上午，我們那一團就只有我和約柏，還有一位來自比利時的遊客。帶領我們的導覽是位年輕女士，非常專業而健談，沒有一絲職業導遊的匠氣，態度親切友好，樂於讓訪客在館內多停留一會兒，盡情欣賞這幢結合巴洛克和洛可可風格的宮殿。

聖本篤車站

聖本篤車站既是波爾圖的大門，也是這城市熱門的觀光名勝。車站在一九○三年完工，外觀仿照文藝復興風格。大廳的火車時刻表上方掛著老時鐘，展現二十世紀初的風華。不過，最讓人看得目不轉睛的，還是大廳壁上的青花磁磚壁畫，描畫著葡萄牙的歷史。

就算你不打算搭火車，來到波爾圖也請到聖本篤車站看看，欣賞美麗的磁磚畫。

波良市場

時間：週一至週五07:00-17:00，週六只到下午一點，週日公休／地址：Rua Formosa 214。

此處早已不只是一座供人買菜的傳統市場，而是波爾圖的知名景點，每天早上都有一波又一波的遊客來到這裡，參觀這幢十九世紀的鑄鐵建築，順便買點帶得走的紀念品和水果、乾貨，因此市場內有好幾家紀念品舖子，品質未必精美，但價格不高，生意興隆。靠近Rua Formosa主要出入口的水果攤，生意特別好，但如果真要來此購買生鮮蔬果，回附廚房的短租公寓自炊，建議貨比三家，攤位上的產品都有紙牌標明每公斤的價位。

市場地面層攤位保有傳統形式，一攤攤如小亭子或小棚屋，有些攤位有窗有門，更像是一家小店。樓上的菜攤則就是一般攤子模樣，肉舖也是店面形式，主要在樓上。市場中有小吃店，中午可以吃到便宜又道地的庶民美食。

葡萄牙攝影中心

時間：週一至週五10:00-12:30、14:00-17:00，週六、日和公眾假日15:00-19:00／收費：免費參觀／地址：Campo dos Máritres da Pátria。

喜歡攝影的人，不要錯過修士塔附近的這座攝影博物館，它開在一幢宏偉的十八世紀末建築中，其前身原是監獄，陳列著攝影作品的地方昔日正是牢房，一扇扇厚重的鐵門，說明了它曾經黑暗又沉重的歷史。

萊羅書店

時間：10:00-19:30，週六、日提早半小時打烊／收費：需收費，但如在店內購書則可折抵書款／地址：Rua das Carmelitas 144。

二〇一五年春天造訪這家開業已一百多年的老書店時，它已是媒體寵兒，被列入「世上最美的書店」名單。不過，書店那時雖已知名，但還沒有那麼多團客造訪，人潮不算太擁擠，今則完全成了旅遊勝地，旺季時遊人如織，書店開始收取門票，遊客欲入內參觀，需先至售票亭買票。二〇一七年秋天，我們又到波爾圖，向房東打聽書店現況，他說：「熱鬧得不得了，需買票是小事，進入店內要是想要拍照留念，還得排隊，人實在太多了。」聽了他的說明，不知怎地，我竟然聯想到台東池上那棵「金城武樹」。

音樂廳

收費：僅門廳和咖啡廳對外開放，需參加收費導覽才能進入其他區域參觀／地址：Avenida da Boavista 604。

如果你喜歡現代建築，想必聽過荷蘭建築師庫哈斯（Rem Koolhaas）的大名，他最為華人所知的代表作品，是北京中央電視台總部大樓。位在波爾圖市老城外圍的音樂廳是他另一項力作，有建築評論家稱之為庫哈斯「設計過最迷人的建築」，其設計顛覆傳統對音樂廳的想像，一點也不方方正正，外型好像「被切下幾角的長方體」，風格極簡，線條流利，卻又極富創意。

由於造型和古老的市容形成強烈對比，為了消弭市民的反感，Casa da Música有多個出入口開放給市民進入門廳，而且不同於一般音樂廳，民眾進入廳內，不是拾級而上，而是進去以後，要走下樓梯才會到達接待處和售票處，如此大大減少了音樂廳那種高高在上的感覺，可親多了。

我們去音樂廳那天，恰巧是週日，室內和露天咖啡座上坐滿了人，一望即知多是市民，戶外有青少年練習滑板，小孩把斜坡當成溜滑梯，在在顯現一派日常而歡樂的情景。這幢完全現代的建築物，似已融入這古老城市的日常生活。

蓋亞新城

從主教座堂旁的馬路走上路易一世橋，過河即是蓋亞新城，山坡上的公園是眺望對岸波爾圖老城的好地方。從山坡到河岸有許多酒窖，包括Sandeman、Croft、Taylor's和Graham等名酒廠，都開放給遊客參觀。

✕ 滿足口腹的美味料理

Cantinho do Avillez

時間：週一至週五12:30-15:00，19:00-午夜；週六、週日12:30-午夜／地址：Rua Mouzinho da Silveira 166／電話：+351 223 227 876。

里斯本名廚艾維列斯在波爾圖的唯一據點，供應帶點新意並不守舊的葡萄牙菜，好比說，將日本味噌調進鮪魚排的醬汁中，用泰式香料來調理大西洋海域大紅蝦。中午有商業特餐，連同一杯葡萄酒和咖啡，不到二十歐元，非常超值。如果想點這個，卻未看見理當隨同主菜單一同送來的午間特價菜單，請主動向侍者索取。

Mercearia das Flores

時間：週一至週四09:00-20:00；週五、週六10:00-22:00；週日13:00-20:00／地址：Rua das Flores 110。

這是一家時尚卻不華麗，講究卻不造作的熟食舖兼食品店，銷售各種精品魚罐頭和葡萄酒供外帶，並在店裡供應輕食和petiscos（類似tapas的葡式下酒小菜）。用的食材不是有機生鮮農產就是註明食材產地的精品罐頭。若不吃東西，也可點單杯的葡萄酒、本地釀造的啤酒和茶與咖啡。

Mercado Bom Sucesso

營業時間：週日至週四10:00-23:00，週五、週六10:00-24:00／地址：Praça Bom Sucesso。

參觀完音樂廳，可順道去這座建於一九四○年代的市場逛逛。原本老舊的市場建築經大事整建後，如今明亮而現代，裡面既有生鮮農產市場，也有小吃街，客人多半是本地人，遊客置身於市民間，或可窺見波爾圖市井生活的一鱗半爪。

在波爾圖吃烤魚

　　約柏的建築師好友M聽說我們要到波爾圖，一再囑咐別忘了去港口吃烤魚，「新鮮美味，價格又合理，重點是，本地人多，觀光客少。」M因為工作的關係，多次造訪波爾圖，對這個城市還算熟悉。

　　這個「重點」打動了我。跟著在地人吃準沒錯，就算不是頂尖美食，但起碼可以藉由當地口味，品嘗異鄉滋味，且說不定還更能夠體會當地日常風情。

　　於是，當短租公寓的房東路易將鑰匙交給我們，交代完所有重要事項時，我開口問道：「聽說有個地方，有好幾家海鮮餐廳可以吃烤魚，本地人也會去，是嗎？」

　　我話才出口，路易眼睛就一亮。「沒錯，沒錯，不只一個地方，杜羅河兩岸都有，妳是要去波爾圖這一側，還是對岸？」

　　哇，居然有兩處，那我當然都想知道了。

　　路易攤開公寓裡本就準備好的地圖，在河的兩岸各畫了一個圓圈。一個圈住了波爾圖西側的Matosinhos，另一個落在杜羅河南岸的Afurada。Matosinhos就是朋友說的港口，至於Afurada，旅遊指南也提了兩筆。

　　「波爾圖這邊這個交通方便，在漁市附近，離海灘也不太遠，天氣好時，本地人會去海邊弄潮順便吃海鮮。對岸那個曾是漁村，需要搭公車再轉渡船，風景滿好的，還有個公共洗衣場和曬衣場，挺有趣，所以本地人去，遊客也去。兩個地方都不錯，好吃又不貴。」

　　「那你呢？你都去哪一個？」

　　「哈，我兩個都去。」

　　好吧，那我們也都去，反正我倆都愛吃魚。

　　去港口那天，我們按著M傳來的簡訊指示，先搭輕軌藍線到Mercado站，下車，上橋，過河，到達對岸沿河的公路，左轉再走兩、三百公尺，

就看到兩家比鄰的餐館，其中一家並未營業，大概是公休日，另一家室內室外都坐滿了人。餐館門邊有兩架燒烤爐，說實在的，要不是有朋友「掛保證」，我真不會摸到那裡，就算是偶然路過，也無從得知馬路邊上會有不只一家海鮮小館，因為這一帶怎麼看都像貨運碼頭。

看來俐落又能幹的老闆娘說，客滿了，得等上二十分鐘至半小時。我們都好不容易來了，當然得等，於是站在餐館外的大樹底下，邊等桌子邊打量正埋頭大啖的客人。看樣子，有不少確是波爾圖本地人，好比那一桌三位女士，一位坐五望六，兩位大概二十多歲，三人長相神似，臉上妝容齊備，年長那位穿著香奈兒風外套，腳蹬高跟鞋，怎麼看都不像遊客。離我們最近的一桌，其實是兩小桌併成一大桌，坐了八位客人，最年長的大概七十多歲，最小約莫十一、二歲，應也是一家人。還有幾桌，都是一男一女兩個人，我猜跟我們一樣，也是遊客。

還好，只等了十幾分鐘就有空位，我早就想好要吃什麼，當然是來葡萄牙不能不吃的烤沙丁魚。由於是現點現烤，我們又等了一會兒，菜才上桌。我可小小地吃了一驚，魚的個頭並不小，足足有五條，還附了沙拉和水煮馬鈴薯，這份量足夠給胃口小的兩個人吃，而這樣一份，要價不過七、八塊歐元。

　　擠上一點檸檬汁，趕緊叉了一口，送進嘴裡，魚只撒了鹽燒烤，入口一股煙火燻香混合了海水般的鹹味，肉質不鬆軟，有適當的彈性，真的好新鮮。本以為我吃不完五條魚，末了除了頭尾和骨頭外，全部啃光光。

　　「請一定要記得謝謝M，介紹我們這個好地方。」我滿足地對約柏說。

　　第二天，我們從聖方濟教堂前面搭上500號公車，沿著河一路向西，過了大橋後不久，在渡船頭（公車站名Gás）下車，搭渡輪過河。連同我們在內，只有六個人搭船渡河，五個是遊客，有位老先生或是當地人，至少是船老大的熟人，一上船兩人就哇啦哇啦聊開了。

　　一到Afurada渡船站，對面就有一家海鮮餐廳，也架著燒烤爐，我決定先在村裡繞個一圈再說。村中心並不大，就只有三條長街、數條短巷，可就在這七、八分鐘便可走完一圈的地方，有九、十家餐館，有些應該是

公休日打烊了，那幾家開門營業的，一律設有露天廚房，這裡真是烤魚激戰區。

選來選去，選中和渡船頭隔一條街的一家，一來是旅遊指南提到過，二來我看見戶外座位上有一對男女，男的穿西裝，女的也是襯衫、窄裙，上班族模樣，可能不是遊客。老規矩，跟著本地人吃就對了。

這一回不吃烤沙丁魚，看鄰桌的魚排挺不錯，英語堪稱流利的服務員告訴我，那叫perca（後來一查，就是英文名perch的河鱸）。好的，請來一份。

本來以為應該跟前一天的烤沙丁魚那樣，也是抹了橄欖油、撒鹽烤。結果魚上桌時，還附了一小盅醬料，「這個醬是配魚的，可以直接淋在魚上。」

我看看盅裡，裡頭有平葉歐芹（flat leaf parsley）、蒜頭和橄欖油，蘸了一點嚐嚐味道，有點酸味，顯然加了醋或檸檬，也許兩者皆有。我先不淋醬，切下一塊魚肉吃吃看，比起沙丁，河鱸的味道清淡多了，而且油脂不會那麼多，和波爾圖北方Minho省所產清爽且微帶氣泡的「綠酒」*（vinho verde）很搭。再切一塊，蘸點油醋汁，這下子明白為何要附醬汁了，本來有點單調的味道，頓時多了層次，橄欖油和香草增添香氣，酸醋則勾起魚肉的甜。我舀了一大匙醬汁，淋在魚排上，看看覺得還不夠，又舀了半匙。兩大塊魚排，又是吃個一乾二淨，當晚只喝得下一碗湯。

坦白講，這兩頓烤魚餐都不是多麼珍稀的菜餚，卻正顯示出葡萄牙鄉土菜簡單、質樸、實在的特色。簡單講，葡式烹飪不會濫用調味料，不管用了什麼佐料或醬汁來做菜，作用都在「輔佐」食材，因為我們要吃的終究是食物，而不是調味料。

＊綠酒

綠酒並不綠，而是葡萄牙特產的白葡萄酒，這裡說的綠，是指酒很「青春」，一般釀好三至六個月內就該喝了。綠酒酒精含量較低，味道清新爽口。

✕ 滿足口腹的美味料理

Restaurante a Knaipa

時間：週二至週六12:30-15:00，19:30-23:00，週日僅有午餐／地址：Rua Vareiro 155／電話：+351 962 735 525／輕軌站名：Mercado；街名：Rua Heróis de França。

Matosinhos也是烤魚激戰區，在輕軌站這側，不必過河，單是漁市附近的一條街上就有好幾家，儼如「海鮮一條街」。

Taberna São Pedro

時間：10:00-16:00，19:00-00:00，每天營業，但週日僅供應午餐／地址：Rua Agostinho Albaño 84, Afurada／電話：+351 220 993 883。

Afurada已非貧窮的漁村，有非常布爾喬亞的遊艇俱樂部和碼頭，然而此地仍保留公共洗衣場，當地的婆婆媽媽照常會帶著自家衣物被褥來洗滌，順便跟街坊聊聊天。天氣晴朗時，洗衣場外面的空地曬了五顏六色的衣服、床單，迎風招展，也是別樣的風情。喜愛攝影的，說不定還能捕捉到地方媽媽從容地「表演特技」，輕鬆將洗衣籃頂在頭上，一路施施然走回家。

吉馬拉什——葡萄牙誕生於此

　　吉馬拉什是從波爾圖出發的一日遊熱門地，來這裡觀光的不僅限外國觀光客，從葡萄牙各地而來的遊客也很多，因為此地正是葡萄牙王國第一位國王阿方索一世乃至王國的誕生地。

　　一一〇年，阿方索・恩里克生於吉馬拉什的領主家庭，父親在其年幼時即過世，阿方索繼位，由其母親代為攝政。一一二八年，年方十八的阿方索擊敗母親和西班牙貴族的聯盟，取得Portuale的實質掌控權。隔了十一年，他趕走北部的摩爾人，隨後自立為王，葡萄牙王國於焉誕生。

　　從吉馬拉什火車站出來，往老城的方向走，行至一處花木扶疏的公園廣場時，就會看見前方有座塔樓，上面大大地寫著幾個大字：AQUI NASCEU PORTUGAL——葡萄牙誕生於此，從這裡便可以看出此城有多麼以這段歷史為榮。

　　吉馬拉什的中世紀老城保存良好，在二〇〇一年已被列為聯合國教科文組織的世界文化遺產。舊城區裡有著迷宮似的中世紀街道和優雅的廣場，毗連的小山丘上屹立著千年古堡，一旁是建於十五世紀初的公爵宮（Paço dos Duques de Bragança）。吉馬拉什特殊的歷史地位加上美景，召喚了無數旅人，從上午到下午四、五點，老城遊客絡繹於途，到了晚間恢復寧靜，長巷清寂，唯食肆酒館流出暈黃的燈光和隱約的談笑聲，在在提醒路人，這終究是二十一世紀。

　　從波爾圖來吉馬拉什一日遊固然方便，但如果能挪出一點時間，在此待上至少一晚，相信會更能領會老城的魅力。

　　吉馬拉什也是大學城，年輕學子的活力，給古老的城市添了生機，不致淪為露天博物館似的樣版。我們造訪的那兩天，正值大學十月份舉辦迎新活動的日子，各個科系的新生穿上奇裝異服，打扮得千奇百怪，在披著傳統黑袍的學長、學姐帶領與指揮下，繞行老城，一路喊著口號，最後在「葡萄牙誕生於此」的塔樓下舉手宣誓效忠。每一團隊學生花招百出，連不是特別愛湊熱鬧的我，也看得津津有味。

📷 看不盡好風光

城堡

時間：10:00-18:00／收費：需收費。

古堡建於十一世紀，維護良好，從老城中心散步過去，不過二十多分鐘。據說阿方索一世就是在這座城堡出生，城堡前面的小教堂，外觀樸拙，裡面有座洗禮台，據信就是阿方索受洗之地。

公爵宮

城堡一側有幢宏偉的十五世紀石造建築，四角是塔樓，這裡原是公爵宮殿，如今是展覽場地，裡面有好幾個展覽空間，展示當代藝術作品。二樓的小教堂有精美的彩繪玻璃，不妨坐下來，在教堂播放的聖歌聲中，細細欣賞。

橄欖樹聖母教堂
（Igreja de Nossa Senhora da Oliveira）

這座教堂始建於十二世紀，四百年之後又重修。教堂前面有個哥德式的小亭子和十字架，號稱是公元七世紀西哥德英雄汪姆巴（Wamba）在橄欖樹邊插下長矛的所在，他當時信誓旦旦，除非長矛發芽，否則他絕不接掌王權。一如絕大多數傳說，這根長矛後來果然發芽了。

毗鄰著有兩座廣場，周圍盡是咖啡館和酒吧，坐在露天座位上，欣賞古老的建築，聽在此地就讀大學的年輕人嘰嘰喳喳聊著天，最是愜意。

🍴 滿足口腹的美味料理

Cerverjaria Martins

營業時間；10:00-02:00，週日公休／地址：Largo do Toural 32-35。

這家啤酒館坐落在市中心熱鬧的Toural廣場上，是咖啡廳也是酒吧。馬蹄形的吧台上方有電視，播放著運動比賽畫面。本地熟客多過於遊客，他們多半圍坐在吧台邊上，喝啤酒，看比賽，並和掌櫃聊個幾句。啤酒館營業至深夜，可說是吉馬拉什的「深夜食堂」。

午晚餐時段有簡單實惠的快餐，平價，滋味較預期中好，只是請別抱著吃美食的心理前來光顧。酒館有戶外露天座位，價位比吧台高一點，如果吧台有位，建議坐那裡，倒不是基於價格考量，而是可眼觀掌櫃和熟客互動，有趣多了。

Tapas e Manias

營業時間：供應午、晚餐，下午三點至傍晚七點午休，週二公休／地址：Praça de Santiago 13。

這家小酒館在橄欖樹聖母教堂附近的聖地亞哥廣場邊上，店名雖有tapas，但仍偏向葡萄牙口味，只是份量的確一如西班牙tapas，並不會太大。以一人平均兩盤的份量計算，兩人叫上四樣，加上麵包、橄欖也就夠了。

ℹ️ 吉馬拉什INFO

從波爾圖聖本篤車站搭「吉馬拉什路線」的火車前往吉馬拉什只要六十至八十分鐘，從波爾圖出發的最早一班火車為早上06:20，從吉馬拉什返回的最後一班則是22:48（兩者皆根據二〇一八年班表），可利用火車站的自動售票機買車票。建議一到吉馬拉什就買好回程票，以免到時售票機前大排長龍。

科英布拉──青春和古老的對話

對我而言，大學城始終有其魅力，尤其是古老的大學城，既有老城的內斂不張揚的底蘊，又有學子外放而自由的青春活力。古老和青春的對話，激盪出火花，讓城市擁有沉穩卻不沉悶的獨特人文氣質，科英布拉就是這樣的一座大學城。

科英布拉從一一三九至一二五五年曾是王國的首都，一五三七年，十三世紀末創立於里斯本的大學遷至科英布拉後，這裡逐漸轉型為大學城。在學期期間造訪科英布拉，會強烈感受到大學的影響力，從酒吧和咖啡館中高談闊論的年輕人、穿著大學黑袍走在石板道上的學生、掛著大學系所名稱的老宅到學生宿舍外各種政治標語塗鴉，凡此種種都提醒著訪客，科英布拉的繁榮，大學占了很大的功勞。

大學也促成科英布拉法朵音樂的誕生，愛樂者來到此城，除了參觀已躋身聯合國世界文化遺產之林的科英布拉大學，不妨也去聽聽看現場演出的法朵。

📷 看不盡好風光

大學圖書館

時間：09:00-19:30／收費：需收費，包含在參觀大學的門票費用中。

科英布拉大學坐落於城市的最高點，是歐洲最古老的大學之一。大學主要建築物建於十六至十八世紀，主廣場周圍的建築合稱為Paço das Escolas，廣場靠近河岸那一側俯瞰老城與河畔風光，視野極佳，廣場中央屹立著若昂三世國王的雕像，當年就是這位國王下令將大學遷移至此，並延聘大學者來此任教。

不過，大多數遊客前來大學，是為了參觀廣場西南角建於十八世紀的圖書館（Bibloteca Joanina）。這是一幢巴洛克風格的建築物，拱門之上有巨大的葡萄牙國徽，遊客需守候在門前，等待館員定時來開門。門一打開，在你進到館內的那一剎那，可能需要抑止自己發出驚嘆聲，眼前景象實在超乎想像的堂皇富麗。

偌大的圖書館內部裝潢華麗多彩、金碧輝煌，書架和閱讀桌精工細作，天花板上有一幅又一幅的工筆彩繪，舉目皆是繁複到不可思議的雕飾，四壁陳列著珍本古籍。這裡與其說是大學圖書館，毋寧更像是皇宮的藏書室。圖書館內部不准拍照，你得親眼去瞧瞧，才能明白我的意思。

由於訪客必須跟隨館員行動，且參觀時間有限，難免令我有意猶未盡之感。還好我們很幸運，五月份造訪大學那天，適逢葡萄牙全國博物館舉辦一年一度的「白夜」活動，大學圖書館當晚對遊客和市民免費開放。我們白天看得不夠，晚上又去，在多半是本地人的長龍陣，耐心等候，終而能在一天內二度造訪這華貴得令人瞠目結舌的圖書館。

老主教座堂

時間：週一至五10:00-17:30，週六10:00-18:30，週日11:00-17:00／收費：需收費，但參加晚間彌撒不收費／地址：Largo da Sé Velha。

這座十二世紀的仿羅馬式建築，保存狀況之良好，在葡萄牙數一數二，大門口和立面值得佇足良久，好好看個仔細。內部亦有可觀處，巨大的哥德風格主祭壇，鑲金的裝飾尤其華麗。

💰 良憶帶你血拼去

Mercado Municipal Dom Pedro V

時間：週一至六07:00-19:00／地址：Rua Olimpio Nicolau Rui Fernandes。

這座公有市場坐落在上城區邊緣的山腳下，充滿著市井風情，並不觀光化，除了肉店、魚攤、乳酪舖外，不少農村大媽在市場內席地擺攤，販售自家農產，價格低廉到你不但不想討價還價，甚至很想跟大媽說聲：零頭別找了。

🍴 滿足口腹的美味料理

Tapas Nas Costas

時間：11:00-24:00，週日下午三點就打烊，週一公休／地址：Rua do Quebra Costas 19／電話：+351 239 157 425。

兩回來到科英布拉，都是葡萄牙之旅的中途，開始有點不想吃葡萄牙菜了，正好這家西班牙tapas餐廳挺對味，於是二度光臨。小菜的份量並不小，兩人點三、四樣，配上麵包和飲料便可飽足。小館生意好，最好訂位，不過戶外有幾張小桌子開放給過路客，只要有空位便可坐下。

ℹ️ 科英布拉INFO

從波爾圖的聖本篤車站和里斯本的Santa Apolónia車站都有多班火車至科英布拉，建議搭AP特快車，波爾圖至科英布拉不超過七十五分鐘，從里斯本出發車行時間約一百零五分鐘左右。請注意，科英布拉有兩個車站，相距約兩公里。特快車停靠的是Coimbra-B，下車以後再搭區間車前往老城邊緣的Coimbra站僅需四分鐘。

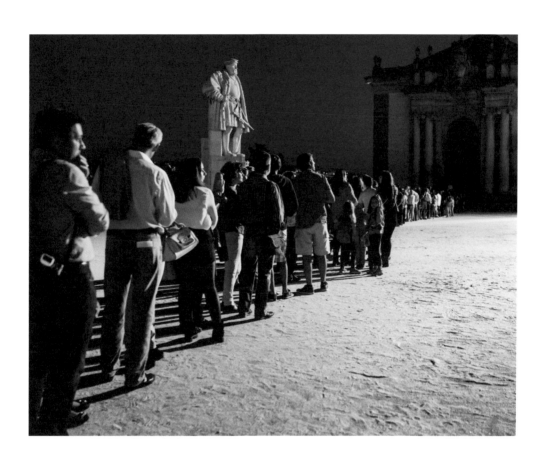

杜羅河酒鄉火車小旅行

　　說到葡萄牙最知名的酒類產品，那應當是波特酒（port wine），葡文為 Vinho do Porto，直譯即為「波爾圖的葡萄酒」，此酒正以其集散地波爾圖而得名。在公路交通尚不便利的時代，杜羅河沿岸生產釀造的波特酒，都是以平底駁船載運至波爾圖，先儲存在河畔的酒窖，接著由海路輸出外國。

　　波特酒是一種加烈葡萄酒（fortified wine），其做法是在葡萄酒發酵過程中添加白蘭地類型的燒酒，讓酒停止發酵，如此會有較多糖分保留在酒中，酒精含量因而較一般葡萄酒高，口感甜美、醇厚。

　　波特酒逐漸受到青睞是十八世紀初的事，尤其在英國。這一來是因為英法戰爭使得英國人無法取得法國葡萄酒，必須另尋酒源；二來則是英葡簽訂了友好條約，讓商人得以低稅從葡萄牙進口葡萄酒。更有利的一個條件是，波特酒比酒精量稍低的葡萄酒更耐於保存，在海上長途運送也不會變質。

　　怎麼看，從葡萄牙進口波特酒到英國都是門好生意，從事波特酒進出口生意的英國商人於是越來越多也越成功。直至今日，波特酒仍存有不少英國元素，好比Sandeman、Taylor、Graham、Offley、Dow等知名波特酒品牌名字，都是英國姓氏。

　　要品飲波特酒，和波爾圖隔著杜羅河的蓋亞新城就有好幾家知名酒廠的酒窖，可以參觀並品酒。不過私心以為，能抽出一天的時間，前往杜羅河酒鄉小旅行更好，若恰巧碰上九月葡萄採收季，說不定還能參與酒季慶典。

　　波爾圖有好幾家公司有杜羅河谷一日遊的旅遊產品，然而自助旅行者和居遊者大可自行開車或搭火車前往。從波爾圖的聖本篤車站每天有好幾班火車，自西徂東前往酒區，火車大半路程行駛於河谷間，有時鐵道和河的距離不過兩、三公尺，讓人幾乎要以為火車正行走在水上。有人說葡萄牙的杜羅線（Linha do Douro）是歐洲最美火車路線，我完全同意。

　　我們曾經搭著火車前往皮尼揚（Pinhão），到站後不急著觀光，先在車站月台上欣賞描繪著酒鄉四季風光的青花磁磚壁畫，接著在附近喝杯咖啡，這才慢悠悠地前往離車站不過五、六分鐘腳程的酒莊Quinta do Bomfim，參觀酒廠和品酒，這家酒莊所屬的Symington家族釀酒集團，創立於十九世紀晚期，創辦人來自英國，如今擁有Graham、Warr、Dow等好幾個品牌，Bonfim主要釀製的波特酒品牌是Dow。

　　酒莊就在河畔，是名副其實的莊園，有寬闊的葡萄園、偌大的酒廠、酒窖和氣派的宅邸。訪客在接待處的櫃台登記，並依價位選擇自己想要品嘗的幾款酒後，可以一邊看看室內展出的酒莊歷史檔案和照片，一邊等候英語流利的導覽員前來帶領遊客進入酒廠和酒窖參觀。由於酒廠實際上仍在作業，因此訪客必須隨著導覽團前進，不能夠脫隊四處蹓躂，好在導覽

的講解深入淺出，如此逛個一圈，倒也長了一點知識。

　　愛好美酒的人最期待的，當然是最後的品酒活動了。大夥魚貫進入似玻璃屋的酒吧，找到已標上自己姓名的座位，沒多久便有侍酒師過來斟酒，一一講解接下來要品嘗的酒的特性。接下來，就是品酒時光，我和約柏品飲著三種年份不同的波特酒，眺望河岸風光和山坡上的葡萄園，竟有點醺醺然。此時真慶幸沒有駕車前來，不然約柏勢必得「犧牲」，無法品酒，回去的路上，需要有清醒的人來開車呢。

ℹ️杜羅河谷INFO

前往杜羅河谷酒鄉的Linho do Douro，火車一天有五班從波爾圖的聖本篤車站出發，一路坐至接近西班牙邊界的Pinchino，需時三個半小時。如果只到皮尼揚，車程約兩個半小時。也可以先搭到Regua，在這個較大的城鎮逛逛，算好時間，再繼續搭車到皮尼揚。直達Regua的火車班次密集許多，從那裡再搭杜羅線到皮尼揚，車程只要半小時不到。

請注意，如果想看河景，自波爾圖出發向東，請坐右側座位，返程則坐左側。

波爾圖的「小法國」

　　在波爾圖，很難忽視Francesinha的存在。不論是老城的觀光地區，還是邊緣的住宅區，只要是供餐的咖啡館、小吃店和啤酒館，幾乎家家都少不了在賣Francesinha，尤其是午餐時分。

　　Francesinha的歷史並不久，據說是一九六〇年代源起於波爾圖，盛行於北部，南部則非常少見。其創製者名叫達西瓦（Daniel da Silva），曾旅居法國和比利時多年，返國後參考法式火烤乳酪火腿三明治的做法（croque monsieur，亦有人直譯為庫克先生三明治），依家鄉口味「發

明」了這道庶民小吃，命名為Francesinha，直譯有「小法國」或「法國風味」的意思。然而說實在的，在我看來，它不但一點也不「小」，而且和法國菜的關係淡薄得可以，很難算得上有什麼法國味。

　　法式火烤乳酪火腿三明治為法國咖啡店和酒館常見的午餐菜色，基本做法不難——兩片麵包抹奶油白醬，夾熟火腿和乳酪成三明治，頂層再抹白醬並蓋上乳酪，炙烤至乳酪融化即可。食量中等者吃上一份再來杯飲料也就飽了，要是嫌不夠，可以改點上頭多加了一顆煎荷包蛋的croque madame。（monsieur和madame在法文中分別意指「先生」和「夫人」，加了煎蛋以後，先生就變夫人了。）

　　波爾圖的「小法國」三明治不論在內容還是分量上，都比法國原版「澎湃」得太多太多。首先，餡料不只一種，吐司麵包烤過以後，先鋪上滿滿一層火腿和乳酪，再來一條切片的新鮮香腸或熱狗、幾片燻腸，跟著擺一塊牛排或豬排，這才再放上另一片烤吐司。這樣還沒完，接著下來，還得用好幾片乳酪將這大塊頭蓋個密實，方可上烤爐，將表層的乳酪焗烤至融化。

　　然而，葡萄牙人的「大手筆」至此並未告一段落，這一大塊表面流著金黃色「熔岩」的立方體盛到盤上後，尚需淋上加啤酒和番茄熬成的濃肉汁，附上薯條，基本款的「小法國三明治」這下子才算大功告成。薯條多

半是直接倒在盤裡，圍著大塊頭，但也有餐廳考量外地遊客習慣不同，會另外送上，讓客人自己決定薯條要不要蘸著肉汁吃。倘若客人愛吃雞蛋，沒問題，一如「庫克夫人」，Francesinha上面也可以加顆荷包蛋。

不少觀光指南和旅遊網站都強調，到波爾圖務必嚐嚐這一道代表性食品，我身為飲食寫作者，按理是該努力增廣自己的飲食見聞才對，可是坦白講，我一看那一大塊濕答答的東西就怕。首度造訪波爾圖那一回，四天四夜期間，有好幾次可以點來吃吃看，可每一回都是坐定後，左右張望，瞧見別人桌上的那玩意就退縮了。二度來到波爾圖居遊時，自炊多於外食，要回里斯本前的最後一頓午飯，領悟到再不吃吃看，不知又該等到何時，這才下定決心，點來嚐嚐。

結果，我罕見地並沒有把自己點的小份Francesinha吃完。我雖不是「大胃王」，在女性當中食量也並不算小，然而那「小法國」委實龐大，我努力吃了半天，也只能吃下三分之二，薯條則一大半讓給丈夫，我真不敢想像菜單上的「大份」會有多麼「巨無霸」。

Francesinha集合了各種肉類，愛吃肉、討厭吃蔬菜的人可能會覺得過癮，平時「肉量」不多的人則恐怕吃不消。不過，身為遊客，嚐還是可以嚐的，起碼能增長見聞。至於那滋味，個人意見是，嚐過一次也就夠了。

吃牛肚的人

　　足球迷或許聽說過，波爾圖足球俱樂部有個綽號叫Tripeiros，直譯成中文為「吃牛肚的人」，其實不只是FC Porto，整個波爾圖都同享此名。

　　這是怎麼回事？波爾圖真的很愛吃牛肚嗎？

　　事情要從逾六百年前說起，當時為消除摩爾人在伊比利半島的勢力，葡萄牙國王若昂一世在杜羅河岸造艦，密謀遠征北非。公元一四一五年，船艦造好了，兵也練完了，國王的第三個兒子「航海家」恩里克王子一聲令下，艦隊自波爾圖出發，在八月的一個早晨突擊北非的休達（Ceuta），將這座伊斯蘭城市納為葡萄牙領地。

從造艦、練兵直到軍事行動期間，波爾圖城的上肉悉數供應軍方食用，城裡的平民百姓只能吃內臟和次等肉，主要是牛肚。當時的市民實在吃了太多牛肚，就這樣得到「吃牛肚的人」這個外號。

此一稱號原本是玩笑話，然而遠征行動的成功不但為葡萄牙在非洲的擴張打下重要基礎，也揭開葡萄牙帝國大航海時代的序幕。開玩笑的外號成為榮譽的代名詞，波爾圖人以他們在那段期間所做的「犧牲」為榮，白豆燉牛肚（Tripas à moda do Porto）也從不得不食的庶民粗菜，搖身一變成為波爾圖風味招牌菜。

六個世紀過後，不少波爾圖人依然津津有味地吃著牛肚，像我這樣的遊客則在吃下白豆燉牛肚的同時，將港都的一部分歷史吞下肚了。

有關葡萄牙的一些小事

請不要說「謝謝」

到非英語系的國家旅行，我總會刻意學上幾個當地語言的常用詞彙，藉以表示對當地人和語言的尊重，最基本的不外乎「早安」、「午安」、「晚安」、「你好」、和「多少錢」等等。如果實在學不來，至少見面的招呼語、臨別要說的「再見」和向人道謝的詞彙得學起來。

在葡萄牙，人們見面不「哈囉」，而說「歐辣」（Olá），再見講「阿弟務實」（Adeus，葡語字尾的s發音類似sh）。至於謝謝，比較麻煩，因為有性別之分，男性向別人道謝，說abrigado，女性則講abirgada，聽起來都有點像日本人的「阿里加多」，據說日語中的ありがとう，正是跟葡萄牙人借來的外來語。

就算連這個也無法學舌，那麼英文的thank you和法文的merci，說出口大家也都聽得懂。無論如何，就是不要用中文向葡萄牙人說「謝謝」，因為這兩字的發音聽在對方耳裡像ché ché，在俗語中有形容人瘋癲或愚蠢的意思。

別忘了，到葡萄牙，千萬別說「謝謝」啊。

何時去最好？

葡萄牙夏季炎熱，秋末至冬季多雨，春天和初秋天氣溫和。

旅遊旺季是六月中旬至九月中旬，天氣熱，降雨少，食宿費用較高，但夏季時分各地慶典活動多，最歡樂。淡季是十二至三月，住宿費用低，人潮較少，但也是雨量較多的季節，大多數景點開放時間亦較短。這兩段期間之外則是平季，人潮和食宿費用相對持平（一般落在三月下旬或四月的復活節長假是例外，為旅遊旺日）。

如此算來，最適合造訪葡萄牙的季節是春天的四至六月中旬和秋天的九月下旬至十月底，不過對於常住亞熱帶地區的旅人而言，葡萄牙的四月份可能還嫌冷，然而那時百花盛開，萬紫千紅，煞是美麗，所以倘若決定到葡萄牙訪春踏青，請記得帶件保暖的外套。

我們三度造訪葡萄牙，一次是晚春時節，從五月中到下旬，另兩次都是初秋九月底到十月下旬。晚春的天氣比初秋涼，但是因為乾旱季節尚未開始，大地一片青蔥，初秋的優點則是天氣相對穩定且多半晴朗，白天可穿短袖或薄的長袖上衣，晚上套件薄外套即可。不過，十月也是一年當中民俗慶典活動最少的月份。

另外，五月和十月雖是平季，但如果造訪的期間恰逢葡萄牙和鄰國西班牙的公眾假日，景點人潮會擁擠許多，建議上網查詢，碰到假日，比方五一勞動節、十月五日葡萄牙共和日和十月十二日西班牙的西班牙日前後，請盡量避去特別熱門的風景區如辛特拉和貝倫。

四季豆和天婦羅

天婦羅是日本代表性美食，然而探究其根源，卻和葡萄牙大有關聯。

大航海時代，日本是世上主要的白銀生產國，葡萄牙、西班牙和荷蘭等海上霸權國的商船，為了銀子紛紛航向日本，從而對日本飲食文化產生衝擊。其中最早到達日本的，就是葡萄牙人。

葡萄牙人不但將歐、美、非洲和亞洲其他地區的食品帶入日本，也將日本人以前所不知的烹調法傳進日本，比方說：天婦羅。

別的不說，單是天婦羅的名字就透露其西洋身世，天婦羅三字來自葡語temperar或tempro，原有「調味」或「克制」之意。日本原來並沒有將食材蘸裹麵糊而後油炸的烹法，它是葡萄牙的傳教士所引進。根據葡萄牙飲食學者的說法，葡萄牙人當時教日本人做的菜，是「花園裡的小魚」，亦即油炸四季豆（peixinhos da horta）。此做法後來在日本流傳開來，裹上麵衣油炸的，也不僅止於四季豆等蔬菜，還有各種魚貝海鮮（參見p.137左圖）。

由於西班牙人、葡萄牙人和荷蘭人是由南邊的海上來，日本人稱這些西方人為「南蠻」，如今日本料理中的「南蠻漬」（食物先炸後用醋醃漬）菜色，即源自西班牙或葡萄牙菜。

另外，台灣人從小吃到大的「蜂蜜蛋糕」（又稱「長崎蛋糕」），其前身為葡萄牙的一種家常海綿蛋糕，名為pão de castela，亦是由葡萄牙傳教士帶到日本，數百年後再隨著日本殖民者來到台灣，只是如今的蜂蜜蛋糕滋味和其「老祖宗」早已大不同了。

磁磚看不盡

雖然摩爾人在十三世紀時就被逐出葡萄牙，但是他們留下的磁磚，如今已是葡萄牙的工藝瑰寶，不論大城或小鎮，從教堂、民宅到車站，到處都有花磚和葡式青花磁磚壁畫。花磚色彩以藍、黃、綠、褐為主色，青花磁磚乍看像中國瓷的青花彩，但真正的源頭來自受到中國瓷影響的荷蘭工藝。

葡萄牙人稱磁磚為azulejos，這個詞彙來自阿拉伯語中的al zulaycha，意思是磨亮或發光的石頭。摩爾人跟波斯人學會製作磁磚，帶進葡萄牙，葡萄牙的基督徒雖不願皈依伊斯蘭教，卻毫無異議地愛上了摩爾人的磁磚。

最早的磁磚來自西班牙的摩爾轄區，磁磚多是幾何圖形或花紋。葡萄

牙人占領北非休達後，開始自行進口磁磚；十六世紀時，義大利人創製出彩繪陶磚，讓葡萄牙人有了更多彩多姿的選擇。十七世紀晚期，對磁磚的需求更多，少量手工生產的磁磚供不應求，荷蘭人向中國學來並發揚光大的台夫特青花磁磚應運而生，葡萄牙人也欣然趕上這股風潮。

十八世紀末出現工業生產的磁磚，品質雖次於手工產品，然而在里斯本大地震後，造價相對低廉的磁磚不啻為美觀又實用的裝潢材料。十九世紀末直到二十世紀初，新藝術和新裝飾主義運動風起雲湧，從公寓住宅、商店到餐廳，建築師和設計師紛紛利用磁磚裝飾建築物的立面和內部。

直到今天，葡萄牙人仍鍾愛磁磚，有些更不僅僅是建材或裝飾品而已，而是被提升至工藝品乃至藝術品的地位。

公雞英雄

在葡萄牙觀光區的土產店，常會看到各種公雞和沙丁魚圖案的紀念品，沙丁魚可以理解，烤沙丁魚和魚罐頭畢竟是葡萄牙名菜，但公雞是怎麼回事？

第一次旅行葡萄牙時，我們順道至波爾圖東北方的第三大城布拉加（Braga）半日遊，在廣場上赫然見到「公雞騎士」石像，這可大大勾起我的好奇心。上網一查，原來和十六世紀的民間傳說有關。

據說當年有位虔誠的教徒前往西班牙聖地牙哥朝聖途中，來到布拉加西邊一個名叫Barcelos的小村，被誤認為竊賊，並被判處絞刑。這個倒楣的傢伙百口莫辯，情急之下指著法官桌上香噴噴的烤雞，聲稱這隻烤雞會復活，證明他的清白，就在他即將上絞架時，你猜怎麼著，公雞果然從桌上爬起來啼叫！

傳說當然只是傳說，但是「烤熟的公雞會啼叫」成為好運、正義的象徵，如今早已是葡萄牙的文化符碼，即使在曾是葡萄牙殖民地的澳門，也處處可見各式各樣公雞身影。

ESTAÇÃO VITI-VINÍCOLA
DO DOURO RIO TORTO

住進古蹟旅宿，
走入歷史洪流

一連三年，每年都到葡萄牙居遊大半個月，每一回也都刻意挪出數日，住住不同的「普沙達」（pousada，葡文原意為旅館或客棧）。所謂pousada，前身是葡萄牙的國營旅館，如今境內有四十多家，逾半坐落於古堡、宮殿和修道院等歷史建築，十幾年前改為民營後，才陸續出現不是那麼古老的普沙達。

尊古卻非食古不化的Pousada Mosteiro de Amares

　　我下榻過的普沙達，各有各的好，迄今最喜歡的，還是頭一回至葡萄牙北部國家公園小旅行時住的阿瑪瑞什修道院普沙達旅館（Pousada Mosteiro de Amares）。

　　旅館離西班牙邊界不遠，從布拉加（Braga）驅車，半個小時多一點可至。它坐落於群山環繞的小村中，原是十二世紀的熙篤會修道院，在十九世紀修士因故被迫離開後，逐漸頹圮，終成廢墟，到了一九八九年末才由葡籍建築師德莫拉（Eduardo Souto de Moura）和事業夥伴，花了七、八年時間把殘破的修道院，修建成如今這家掛上「世界小型豪華酒店」（SLH）標誌的旅店。

　　說起德莫拉，其人來頭並不小，得過建築界最高榮譽普利茲克獎。他為了讓建築能與周遭自然和人文環境融合為一體，堅持盡量採用修道院殘留的石頭和同樣是天然材料的木頭為主要建材。他雖尊古，卻非食古不化，除了讓修道院的立面恢復舊觀外，其他部分都配合旅宿所應擁有的機能重新設計，加進不少現代元素，從而造就了一幢結合歷史遺跡和當代建築語言的旅館，風格簡約大器，既擁有歷史的滄桑感，在細節上也顧及旅宿生活起居的需求。

　　好比說，公共空間的皮面沙發線條流利，完全是現代的簡約風格，牆上掛的亦不是古典畫作，多半是現代的抽象畫；客房內電器開關插座安在

隨手可及但又安全的位置，厚重的石牆則鑿了長方形開口，好嵌進大面的玻璃窗，引進大片日照，一掃古老建築可能有的陰沉氣氛。

我尤其喜歡他設計的迴廊（cloister，葡文為claustro），由於改造時迴廊已殘破，德莫拉索性拿掉塌落的廊頂，形成似放又收、既開闊又封閉的巧妙空間感。在中世紀建造的修道院中，往往有這種當中為天井、四面圍合起來的拱廊，從建築物外觀完全看不到，基本是封閉的，供隱修的修士或修女在廊上散步、沉思。而這些神職人員一心侍奉上帝，也極少和外界接觸，修道院和迴廊上方的那一小片天空，可以說是他們的小宇宙。

然而數百年後，我這個凡夫俗子不但闖入隱修者的天地，甚且大剌剌地坐在擺設於迴廊的扶手椅上，舉頭望藍天，俯首打量被苔蘚描成抽象畫的石板地，並賞看天井中那四棵結實纍纍、生機盎然的橙樹，邊看邊舒服地喝著開胃酒，思忖著今晚要在由修道院廚房改建成的餐廳，品嘗哪道本地美食。

有人問我，在曾經充滿聖潔氣氛的修道院裡吃吃喝喝，不感到罪過嗎？哈，一點也不，人不吃不喝能活嗎？再說，歐洲有不少品質頂尖的啤酒和乳酪，當初可都是修道院裡的修士和修女創製的。

令人思古的Pousada Mosteiro de Guimarães

　　吉馬拉什修道院普沙達旅館（Pousada Mosteiro de Guimarães）也是SLH聯盟成員，如果說阿瑪瑞什的普沙達是「尊古」，那麼「復古」應可貼切地形容亦是十二世紀修道院改建的吉馬拉什普沙達。

　　旅館屹立於山坡上，坐擁山林，腳底下就是名列聯合國世界文化遺產的舊城區。約五十間客房分布於恢弘大器的古蹟本館和低調含蓄的新館中，本館客房由修士宿舍改裝而成，較狹小，新館客房則相對寬敞。而我們多少有些「戀古癖」，捨新就古，要求下榻本館。

　　幸好如此，否則我們就無法在辦好入住手續後，隨著接待人員前往客房時，得以邊走邊聽他說明，我們穿過的這一間又一間堂皇的廳堂，原本和現時是什麼用途：寬闊的圖書室牆上掛著昔時貴族的肖像，絲絨軟墊的扶手椅有一、兩百年歷史；曾是修院參事廳的大廳牆上，還有長廊盡頭的大陽台壁上，砌著十八世紀的青花磁磚，描繪葡萄牙王國歷史和四季風景。

　　我們就這樣一路走一路看，簡直目不暇給。這裡，真的不是博物館嗎？哦，更好，因為博物館可不會容許我傍晚斜倚在圖書室柔軟的沙發上，就著小几的復古檯燈，讀著我從台北帶來的中文小說。

　　沿著寬闊的長廊，迎著廊底的陽光，走進我們的房間。結果，也並不太小，七坪左右，窗戶開在石壁龕中，完全符合戀古者對老建築的想像和期待。房內的擺設和家具風格保守沉穩，衛浴和無線網路等其他設施，則當然現代化了。

　　更令我動心的，是旅館周遭那一大片庭園，裡面有古老的櫟樹和栗樹林、幾何形的巴洛克風格花園、十六世紀開闢的菜園、果園和如今長滿青苔的蓄水池。我們沿著山坡，拾階或上或下，遊目所及，既有自然風光，也有人文風景，而自然與人文又如此和諧相容。

我們回到屋裡，在原是修道院廚房的酒吧兼咖啡廳找了張織錦面沙發坐下，我點了一杯微帶氣泡的「綠酒」，約柏還是喝他的黑啤酒。我啜飲著清涼爽口的酒液，視線從廳底的大壁爐，梭巡到那下半部貼著彩繪老磁磚的石牆，回想著方才見到、感覺到的種種，從而明白這一座修院普沙達何以能在一九八五年拿下葡萄牙國家建築獎，我們屋裡屋外晃晃悠悠不過一個多小時，卻彷彿已穿越了好幾百年，走進葡萄牙的歷史。

　　這裡保存了大大小小的歷史痕跡，卻不失客棧本分，讓旅人得以在華麗卻不張揚的空間裡、古典卻不僵硬的氣氛中，在感受到歷史的分量的同時並不覺得沉重，只因過往的歷史恍若磐石，給了人安定的力量。

　　如果有一天你也來到Guimarães，請務必待上一、兩晚，最好就下榻於普沙達，光是在庭園散步，呼吸樹林中那令人精神煥發的新鮮空氣，便可愉快地消磨半個上午或下午。

　　從老城的中心區或火車站搭計程車到普沙達，車資六至八歐元。車站也有公車開往普沙達。

小村邊上的Pousada Mosteiro Crato

　　從里斯本前往中部山區的路上，我們繞了一個小彎，前往上阿連特茹（Alto Alentejo）中部，為的是另一家前身亦是中世紀修道院的Pousada Mosteiro Crato。它雖以克拉圖為名，卻不在鎮上，而坐落於一個名叫玫瑰花（Flor da Rosa）的小村邊上，周遭盡是農田和曠野。

　　這家普沙達有三大幢建築物，分別是哥德式設防教堂、十六世紀改建過的城堡宅第和混合摩爾與文藝復興風格的修道院本身，旅宿集中於修道院範圍內，房間多半位於新建的翼樓。我們下榻於有小露台的客房，從房間看出去，視野一望無際，耳邊僅有鳥囀，真是個可以讓都市人享受寂靜的好地方。

克拉圖普沙達也是SLH成員，由於位置離著名景點都有一段距離，且並無方便的公共交通連結大城，必須自行開車前往，所以住房和服務品質雖不遜於觀光區同等級普沙達，房價卻並不太高。

倘若打算租車旅遊，而且有意離開大西洋岸熱門景點，前往內陸體會更純樸的人情，看看更幽靜的風景，不妨考慮順道在此處下榻一、兩晚，同時，請別忘了挪出半個上午或傍晚，到村子裡走走。

玫瑰村並不大，半小時以內可以走遍。村舍不是平房就是兩層樓房，外牆往往刷白，牆沿和門窗邊框多半漆成鵝黃，是非常典型的葡萄牙小村風光。貫穿村子的大馬路上有一家餐館、一家小咖啡館兼酒吧，而整個村子最不缺乏的，就是如假包換的日常生活氣息。

那天，我在小村散步，看婆婆媽媽趁著陽光明媚，在自家門前曬被褥，正覺得這村子好靜好靜時，聽見遠處傳來咔哩咔嗒的聲響。我佇立於石板道旁等待，不一會兒便瞧見膚色曬得黧黑的老農夫駕著農機，緩緩朝著村道這一頭而來。老先生經過我身旁時，衝著我這東方面孔微微點了點頭，隨即收回視線，繼續前行。曳引機越過轉角那幢兩層樓房後，拐了一個彎，引擎聲逐漸遠去，老人早已不見蹤影。我舉步走向仍忙不迭在拍照的丈夫，下午已過了一半，咱們可以去小酒吧喝杯冰透的啤酒了。

普沙達集團網址：www.pousadas.pt/

流離人生中
的法朵

「我並不演唱法朵，是它在歌唱我。」　　——阿瑪莉雅·羅德麗奎希

I don't sing fado. It sings me.　　——Amalia Rodrigues（1920-1999）

　　應該是一九九五年吧，在金馬國際影展看到德國導演文·溫德斯的《里斯本的故事》（Lisbon Story），有個名叫「聖母」（Madredeus）的葡萄牙樂團，在片中如穿針引線般不時出現。女主唱清亮近乎透明的歌聲和樂手錚琮的吉他聲，悠揚高遠，沉靜中似乎還帶著絲絲的哀愁，是那麼不同於流行樂，但也不像英美民謠或獨立音樂（Indie Music），總之有股說不上來是什麼的黏著力。音樂見識深廣的樂評人說，他們唱的是結合「法朵」（fado）樂風的葡萄牙歌謠，在音樂市場上被歸類於「世界音樂」範疇，而我管它貼著什麼「標籤」，就是為「聖母」而著迷。

　　隔了沒多久，我為公務前往加州，在聖塔莫尼卡海邊的唱片行，聽見並愛上有「赤足歌后」稱謂的維德角歌手塞莎莉亞·艾芙拉（Cesária Évora）的音樂。後來，只要她推出新專輯，我就買，也追著看了英美刊物上不少有關她的報導，得知「法朵」亦是歌后的音樂根源。維德角曾被葡萄牙殖民統治五百年，深受葡萄牙文化影響，至今官方語言仍是葡語。

　　短短一年之間，我在音樂上的兩大美好發現都和法朵有關，這促使我開始有意識地尋找關於法朵的文字和聲音資料，從而發覺，並不相同的樂風之所以令我產生類似的聯想、引發相仿的感懷，主因或就在於法朵。好比說，他們的樂曲常常以過往的戀情、海洋和海上的人兒為題材，透過音符和詩歌述說失落和嚮往，懷念著一去不復返的時光、故鄉、老情人或相隔天涯的親人，渴望與之再相逢。

　　凡此種種，正是法朵音樂的特色，Fado的英文就是fate，兩者皆源自fatum這個拉丁文詞彙，有「命運」或「宿命」的意思。唱歌的人那一聲

一句，時而哀痛帶淚，時而悲欣交集，原來都在叩問人生，悵嘆命運的撥弄，述說世間種種無奈。

我了解到，對於葡萄牙人而言，法朵遠遠不只是一種音樂形式而已，它屹立於葡萄牙文化的核心，象徵著葡萄牙人（特別是里斯本人）的「身分認同」（identity），在很大的程度上甚至代表葡萄牙的精神。

法朵音樂最著名的歌手是阿瑪莉雅・羅德麗奎希，人稱「法朵女王」（Rainha do Fado）。她一九二〇年誕生於里斯本阿爾法馬的貧窮人家，十幾歲便開始賣唱謀生，音樂生涯開始得很早，又持續得很久，超過五十年，這使得她還在世時便已成為葡人心目中的傳奇天后。她在一九九九年十月逝世時，葡萄牙政府甚至宣布國殤三天，葬禮不但以「國葬」形式舉行，靈柩更在兩年後移至里斯本「萬神殿」（又譯「先賢祠」），與國家偉人常相左右。

多年以後，我終於來到里斯本，雖然來得太晚，早已無緣聆聽「女王」現場吟唱，然而一個乍暖還寒的仲春夜裡，當我和丈夫在城堡區一個小小的文化中心，聽著一位清秀修長的女子和兩位吉他手，娓娓唱出奏出一首又一首法朵時，儘管歌詞一句也聽不懂，我卻能感受到樂聲中那股憂傷、那種無奈，彷彿雲淡風輕，然而，分明。年輕的歌手和樂手想來還在起步階段，尚不是法朵界的明星，然而或許是他們唱得誠懇真摯，也可能是因為現場演唱特別有渲染力，我聽著聽著，漸漸被打動，眼睛就濕了。

事後想想，教我動情又動容的，除了歌唱和演奏音樂的人以外，更多的應是直指人心的法朵音樂本身吧。法朵雖不乏悲傷的怨曲，卻沒有聽久了會讓人膩煩的嘶吼式悲情，曲中往往不帶著因憤恨而起的惡意，亦不會自怨自艾到令人難耐的地步。歌唱的人彷彿明白人生原就無常，命運的安排往往不盡如人意，因此就只是老老實實地藉由歌曲來抒發心聲，述說

自己的失意和憧憬。而聽歌的人呢，在傾聽他人故事時，或是同情，或是聯想到自己的人生際遇，感到台上台下同是天涯淪落人，自己終究並不孤單，從而在歌聲中得到慰藉，找到力量，聽完法朵，又能面對流離的人生，好好過日子了。

聯合國教科文組織已在二〇一一年將法朵列為人類非物質文化遺產。

法朵音樂哪裡聽

我在里斯本聽法朵音樂的地方位於城堡區，是非營利組織Chapitô創立的文化社會教育中心，附設有餐廳和酒吧。地址離下城鬧區並不遠，從月桂田廣場（Largo Chão do Loureiro）的Pingo Doce超市旁搭公共電梯Elevador Castelo至頂樓，出去向右轉，走一小段路就到，進了中心大門請沿樓梯往下走到Barto，也就是酒吧區域，每晚十點至凌晨兩點有不同的音樂類型演出，週二晚上是法朵音樂。入場費低於一般商業性質法朵餐廳或酒館。

Chapitô à Mesa
法朵演出時間：每週二晚上十點至凌晨兩點。

地址：**Costa do Castelo, No. 1/7 1149-079 Lisboa**。

電話：**+351 21 885 5550**。

www.chapito.org/

房東的建議

　　雖然我們的房東珊德拉誠實又直白地告訴我們，身為里斯本人，她從不主動到城裡的各個法朵音樂餐廳或酒館聽法朵，那些「都是給遊客去的」，不過因為在當「包租婆」以前，她從事貿易和觀光產業多年，不時需招待外國訪客，所以還是準備了一份口袋名單，列出她個人覺得較好的法朵餐館或酒吧，給有興趣的房客參考。以下就是她的名單：

阿爾法馬

A Baîca

營業時間：晚上八點至午夜，週二、週三公休。

地址：Rua de São Miguel 20。

電話：+351 21 886 7284。

有濃厚的阿爾法馬小餐館氣氛，地方小，所以不收團客，置身其間有如參加家庭派對，音樂好過食物，生意興隆，需訂位。

Clube de Fado

營業時間：晚上八點至凌晨兩點，九點半開始法朵表演，十點半以後入場可不吃晚餐，只點飲料，但需付入場費。

地址：Rua São João da Praça 92, Alfama。

電話：+351 21 885 2704。

由於老闆是知名的法朵吉他手，所以不時有他的大咖歌手和樂手朋友來此演出，法朵水準高。

www.clube-de-fado.com/

Parreirinha de Alfama

營業時間：晚上八點至凌晨兩點，九點半開始法朵表演。

地址：Beco do Espírito Santo 1, Alfama。

電話：+351 21 886 8209。

自六〇年代以來就由著名法朵老牌女歌手經營，每晚有三位歌者和兩位吉他手演出，阿瑪莉雅生前曾在此表演過。

www.parreirinhadealfama.com/

上城區

A Tasca do Chico

營業時間：晚上七點到凌晨兩點或三點。

地址：Rua do Diàrio de Notícias 39, Bairro Alto。

電話：+351 961 339 696。

不是餐廳，而是熱鬧擁擠的酒館，沒有正式晚餐，只有下酒菜和麵包，是上城區少數仍有原汁原味法朵演出的場所之一，價位比大多數法朵餐館低。表演在晚上九點左右開始，每隔兩、三首歌曲就會休息一會兒，如果只想體驗一下，不打算逗留太久，可以考慮來這裡。

www.facebook.com/atasca.dochico/

法朵、法朵

法朵是葡萄牙著名的音樂類型，也是歌曲形式。葡萄牙的法朵音樂可分為里斯本和科英布拉兩個流派，前者比後者更為世人所知。

里斯本的法朵誕生於阿爾法馬和穆拉里亞的街頭和於勞動階級出入的歌台舞榭，從一般認為可追溯自十九世紀初期，然而這樣的音樂類型也並不是橫空出世，突然就「發明」出來。法朵音樂除了留有葡萄牙中世紀歌謠和摩爾古樂的影子以外，也帶著非洲和巴西殖民地音樂節奏的痕跡，為歷史、風土和多重文化的產物。

里斯本的法朵歌手有男有女，他們在葡語中並不稱作cantor或cantora（即英語中的singer），而擁有專有名稱，叫fadistas。法朵歌手在酒館和餐廳演唱，也在音樂廳演出，透過感情豐沛的歌聲，傾吐胸中塊壘，惋嘆造化弄人，道出普羅人民的心聲。

科英布拉的法朵則和大學的學院傳統大有關聯，和里斯本法朵最大不同點在於，歌者僅限男性，不是科英布拉大學的學生，就是校友。他們有一定的裝束，歌唱時披著黑袍，穿著緊身褲，早期傳唱的多是述說相思情的小夜曲。不過從一九五〇年代起，好幾位著名的科英布拉歌手透過法朵，表達知識分子對右翼獨裁政權的不滿。這一類具備抗議精神的科英布拉法朵歌曲，在一九七四年和平的「康乃馨革命」中不知鼓舞了多少葡萄牙人民。

法朵音樂傳統上多以西班牙吉他和梨形的葡萄牙吉他為伴奏樂器，如今則不乏以弦樂四重奏乃至整個管弦樂團伴奏的新派法朵，唱的也未必全是慢板怨曲，新一代法朵明星Mariza的演唱會現場專輯「Concerto em Lisboa」即為一例。

www.youtube.com/watch?v=tC88Oyz8Khs

科英布拉法朵哪裡聽

為了聽聽看科英布拉的法朵有什麼不同，從波爾圖南下前往托馬爾的途中，特地轉進科英布拉，二度造訪這座古老的大學城。

便於遊客欣賞正統科英布拉法朵的地方，主要有兩處：Fado ao Centro 和àCapella。

àCapella坐落於公有市場後方的山坡上，原是十四世紀小教堂的廢墟，十多年前修復完工，改造成既有法朵表演，也供應酒類飲料和輕食的小酒館，每天的演出時間為晚上九點半。

Fado ao Centro位於舊城底端，在觀光景點阿美迪那拱門（Arco de Almedina）附近，從商業大街拐個彎，過了石拱門往上爬一小段坡就到，每天傍晚六點起有不到五十分鐘的法朵表演，旺季時會在七點加演一場，最好先上網訂位。這裡自我定位為音樂和文化場所，不供應餐點，但表演後會招待聽眾一杯飲料。

雖然在老教堂聽法朵感覺起來很有意思，但是基於時間考量，我們選擇了Fado ao Centro。已預約門票的聽眾，在表演開場前需至法朵中心門前排隊等待入場，座位不對號，採自由入座。表演前，女司儀先以葡語和流利的英語，向聽眾介紹科英布拉法朵的特色、歷史、當晚曲目與歌曲大致內容，接著才請表演者上台。法朵中心場地不大，頂多容納五十人左右，舞台是一方矮矮的平台，座位也僅是摺疊椅，兩側牆上則懸掛著歷來科英布拉法朵重要音樂家的黑白肖像。這多少有點窄小的空間，卻給人私密且親近的感覺，讓人覺得好像在聽一場不拘形式私人音樂會，只是演出者是專業水準的法朵歌手和樂手，而且他們完全按照規矩，穿著黑褲，披著大學黑袍，歌手一開口就是深情的歌聲，吉他手恣意撥弄便是動人的音符。

我本來以為來聽演出的，都跟我一樣是外國觀光客，後來發覺有好多位是從葡萄牙其他地方來的遊客，其中還有里斯本人，這讓我好生納悶，按里斯本房東的說法，里斯本人不是難得跟遊客一起湊熱鬧看法朵表演的嗎？於是拿出我打破砂鍋問到底的本事，厚著臉皮請教其中一位。

　　「我來到科英布拉就是遊客，」這位棕髮碧眼的里斯本女士笑著說，「而且我們聽的是科英布拉的法朵，並不是里斯本的啊。」

　　呃，她說得也有道理。

Fado ao Centro
地址：**Rua Quebra Costas 7, Coimbra**。
電話：**+351 239 837 060**。
www.fadoaocentro.com/pt

àCapella
地址：**Rua do Corpo de Deus**。
電話：**+351 239 833 985**。
www.acapella.com.pt/index.html

法朵以外

　　葡萄牙的流行音樂當然不限於法朵，葡語歌謠受到前殖民地巴西的影響，有不少動聽的樂曲帶有巴西風味，可惜因為語言隔閡，在國際上不易受到注意。不過近來倒是有一首歌曲在葡萄牙以外地區也流行開來，那就是二〇一七年贏得「歐洲歌唱大賽」冠軍的歌曲〈Amar Pelos Dois〉（我倆的愛）。

　　由年輕歌手Salvador Sobral主唱的這首抒情曲，聲聲動人，述說的主題雖也是失去的戀情，渴望情人能夠回到身旁，但並不能歸屬於法朵類型，而更趨近於爵士樂經典曲風，還有些巴西bossa nova的旋律。我看「歐洲歌唱大賽」很多年了，這是我唯一喜歡的冠軍曲。

www.youtube.com/watch?v=ymFVfzu-2mw

Saudade——一個幾乎無法翻譯的詞彙

　　在葡萄牙文中，Saudade是一個很難翻譯的詞彙，在其他語言中幾乎找不到能夠傳神轉達其意義的對應詞彙或字眼。非要翻譯不可的話，saudade是種懷舊情緒，類似鄉愁，可是懷念並且渴望著的，不只是暫時或永遠回不去的故鄉，也可能是消逝的時光、過往的戀人、已逝的親人，甚至從未發生但心懷憧憬的人事物，總之眼下不可得、不可見、不可碰觸，由於一切俱往矣或從不曾實現，再怎麼懷想與渴望，其實都是枉然。

　　這樣複雜的憂傷或正顯露出葡萄牙人的深層意識，反映著葡萄牙式的感性核心。在葡萄牙的文學作品、電影和音樂中，saudade占有重要的分量，其中包括法朵音樂。可以說，沒有saudade，就沒有法朵。

仰靠異鄉的
陌生人

雖無意於環遊世界，但也走過不少地方，每到新的國度，接觸到不同的文化和民情，不論體會多少，也不管箇中滋味是甜美多於苦澀或一言難盡，到頭來總發覺，最令我難忘的，往往是那裡的人，最讓我回味不已的，常常是彼方的人情味。而我始終以為，說起人情味這件事，家鄉台灣應該是一等一吧——直到我踏上了葡萄牙的土地。

　　葡萄牙並不是富有的國家，人均所得不但在西歐是後段班，甚至低於港澳和台灣，然而我在那裡，很少感受到因「貧窮」而可能誘發的惡劣人性，更多的時候，我所接觸的人令我願意相信人性本善。

　　儘管地處南歐，葡萄牙人並不符合刻板印象中的所謂拉丁民族——臉上時時掛著笑容，一副天塌下來了也無所謂的樂天模樣。除了不解世事的孩童，我在街頭看到的常常是若有所思的面孔，未必鬱鬱寡歡，但也絕少大大咧咧，嘻嘻哈哈。可是在需要幫助的時刻，我往往能夠在那些原本不大流露感情的面容後面，感受到關心和溫情。

　　這是因為葡萄牙從其盛極而衰的歷史中得到教訓，察覺到過往黑暗的奴隸買賣和向外擴張的帝國主義，帶來財富卻也招致苦果，從而學會與人為善？抑或是人口僅僅一千萬出頭的小國，不甘被邊緣化，格外努力尋求外界的認同和肯定，希望別人能喜歡這一片鄉土和土地上的人？

　　我不知道答案是什麼，但有件事我能夠確定：大多數葡萄牙人不吝於對外來訪客表示友好，這讓我每一想到這個歐洲最西邊的國度便感到溫暖，對那裡謙遜友善的人們更保持敬意。在這個國家，我通常可以仰靠善良的陌生人。

　　還記得那一回，夫妻倆拖著一大兩小三件行李，先搭了三、四小時火車，再轉地鐵回到里斯本市中心。我動作快，方向感也比約柏好，出了地鐵閘口，便一馬當先走在前頭，搭上區分為上下兩段的電扶梯，走著走著突然記起一件事，想告訴落在後面的丈夫，正要轉頭看他人在哪裡，一個不留神，腳底一滑，整個人就撲倒在上層電扶梯底端，跌個狗吃屎，包包

裡的手機和平板電腦當場落下，隨著扶梯一階階往上，而慢動作的荷蘭先生那會兒還在下層扶梯的中段，根本鞭長莫及。

我本能地連滾帶爬，閃離不停歇的扶梯，趴在地上，身體疼是不大疼，但的確受驚了，當場嚎啕大哭。唉，我還真不是多麼含蓄優雅的人。

不知從哪裡來的一位白領麗人扶我坐起，靠在牆邊，連忙用英語問我還好嗎？我完全不顧形象（咦，我有過這個東西嗎），邊抹淚邊嚷：「我的iPad，我的iPad。」她對一旁的男士不知講了什麼，後者三步併兩步跑上扶梯，拾回我的失物。

約柏趕到我身邊，一把抱住我，安慰說：「我來了，別怕別怕。」有位年輕男子默默地將約柏的行李箱推過來，放在我們身旁。

這一切其實發生在很短的時間內（我嚇得大哭、女子攙我起身、男子替我拾東西、丈夫面色發白地奔向妻子、年輕人默默提起沉重的大行李），所有的動作幾乎是同步進行。這些可愛的里斯本市民看見兩個異鄉人有難，主動伸出援手，讓我深深感覺到他們的善意。

另一件令我至今津津樂道的經驗，則沒有這麼「悽慘」。那天早上，我們從東部的山村馬爾旺，開車到相距不遠的展望堡，泊好車後便一路沿著陡峭的坡道，爬到巍峨聳立於山巔的城堡。不同於許多早已頹圮或人去樓空的中世紀古堡，這座城堡的牆池內還存有古老的民宅，尚有尋常百姓人家生活於其中。

我們穿過一道小拱門，拐進窄巷裡，一隻貓兒從蕾絲門簾下竄出，無聲地滑到對面的門檻上，回頭好奇地看了我們一眼。刷白的牆邊和窗台上，種了玫瑰、金盞菊、康乃馨、三色菫等各色花草，或嫩黃或粉白，有洋紅有翠綠，總之五彩斑斕，在初夏的陽光下展現著生機。我們正讚嘆展望堡既真實又美好，並非樣版化的露天博物館時，聽見上方有人聲，好像在對我們說著什麼。

抬頭一望，二樓窗裡有位老太太，一頭銀髮，一臉笑盈盈地指了指我

們的身後，牆角有一座石槽，上方安了人面浮雕，應該是嘴巴的部位接了短短的金屬管，像是水龍頭。

老人家微笑著說了一串話，我和約柏面面相覷，一句也不懂。她微微探出身子，指著浮雕，先比了比手勢，看來是要教我們如何轉開水龍頭，跟著拱起兩隻手掌，做出汲水飲用的動作。

約柏明白了，「她的意思應該是，那是可以喝的泉水。」他走過去，舉起相機，打算拍照做個紀錄。

我身後傳來腳步踩在木梯上的咚咚聲，轉身一看，老太太下樓來了，大概以為我們不懂，想說個清楚。但她並未即刻露面，而在門後摸索了一會兒，最後拿出一樣東西，在門口對我們揚了揚，那是一瓶礦泉水。

接下來，她做了件我料想不到的事。她邁出家門，旋開瓶蓋，把水倒在門邊的幾盆花草中，然後將空瓶遞給我，示意我去取牆上的泉水。

我愣了兩秒，恭敬不如從命，取過空保特瓶，放到出水口底下，將它灌滿後立刻喝了一口，這才用我的破葡語對老太太說：「fresco，fresco，好喝，好喝。」跟著拚命道謝。老太太這下子笑得更開心了，嘰哩咕嚕又說了一串，一邊整理著她的花草，一邊含笑目送我們離去。

因為她，我想我永遠都會記得，在葡萄牙有個名叫展望堡的小鎮，那裡的人情一如其特產的天然泉水，甘美又沁人心脾。

我也不會忘記，數不清有多少次，當我們怎麼也找不到要去的地方時，只要拿出「問路」這最後一招，往往就可仰賴路人指點迷津。對方如果也不知道，有些特別熱心的，不是拿出手機搜索一番，就是攔住別的路人，或乾脆走進路旁商店，替我們問個分明。識途者呢，自是連說帶唱、比手畫腳，設法幫助這兩個葡語程度基本是零的遊客，再不就索性親自帶路，送我們到目的地。那時，我都會想到台灣鄉間小鎮，在幫助路人這件事上，葡萄牙人完全不輸台灣鄉親。

不過，所謂行得夜路多，必有遇鬼時，最近一次的里斯本之行，就在

郊區的小城「踢到鐵板」。

溫暖的午後，我們從郊區通勤火車下來，到達陌生的車站，準備前往訂好的克魯茲宮殿普沙達旅宿。走出車站，竟無排班計程車，還好先前上網查過，普沙達離車站不過一公里，我們行李不大也不多，憑咱倆的腳力，十五分鐘以內到得了。

眼前有兩條馬路，一緩坡向上，一陡直朝下，我點出存於平板電腦裡的地圖照片，該走哪條？路口沒有路標，直接問人吧。有位淡褐膚少女朝我們走來，看來是歐非混血，一頭蓬鬆的鬈髮。

「午安，請問這條是不是某某路？」我指著地圖上通往普沙達的馬路。

少女冷冷地看了我一眼，移開耳邊的耳機，我隱約聽到悶悶的重低音節奏。她似看未看地瞅了地圖照片一眼，懶洋洋地點點頭，嘴裡咕噥了一句，好像是yeah。

那好，就開步走吧。可是越走越不對勁，普沙達坐落於昔日皇室行宮，應該位在山谷中，我們一口氣走了至少五、六百公尺，地勢卻逐漸升高，眼看要上山了。趕緊停下腳步，問路旁剛泊好車的中年男女，證實我們走反了，應當走前站正前方的大馬路，這裡卻是車站的後側。夫妻倆只得掉頭走回車站，我邊走邊忍不住碎碎唸，埋怨少女太差勁，不曉得就算了，何必亂指一通。

「其實，也不能光怪她，」實事求是的荷蘭先生說，「我一出車站不是建議妳去路口的藥房請教一下，不要攔了人就問？妳不聽啊。」

「講這個也沒用了，誰教我們一路以來都受到陌生葡萄牙人的幫助，讓我以為所有的葡萄牙人都很友善？」

我這話雖有為自己辯解的意味，但也不是全非實情。先前的經驗令自詡旅行資歷算豐富的我一時大意，失去判斷力和戒心，這下子後悔了，早知道就不該不聽約柏的話，在街上隨便攔人。

說真的，是我自己大意。我一出後站就看到非洲商店，一路上迎面而來的路人十之八九是非洲裔，凡此種種都顯示這裡是移民區，那位美眉搞不好不是葡萄牙人，跟我們一樣也是外地人或新移民，我可能是「問道於盲」。再者，就算她是本地人，可人家戴著耳機，顯然正邊走邊聽電音，陶醉在迷幻天地中，誰教我眼睛沒放亮，沒事幹嘛打斷她，硬拉著她回到現實世界？說來說去，走這一趟冤枉路，根本就是我活該。

吃在
葡萄牙

葡萄牙……歐洲最不為人所知的美食勝地。 ——CNN

　　傳統的葡萄牙菜根基於農村和漁村，是所謂的農家菜或鄉土菜；內陸山區較多肉類菜餚，沿岸地區偏愛吃魚和海鮮，因地因時制宜，實在是自然而然的事。各地的菜餚食譜做法代代相傳，沒有太複雜的花招和噱頭，往往用簡單的做法烹調當令食材，擺盤亦不講求華麗，唯用料須足，分量宜大。

　　雖然瀕臨大西洋，葡萄牙烹飪卻受到地中海飲食影響，有液體黃金之稱的橄欖油為烹飪的基底，蒜頭也用得十分豪氣。葡萄牙的海鮮尤其受外人稱道，連分子廚藝大師Ferran Adrià都說，葡萄牙的海鮮是最好的，而他是西班牙人。

　　曾享有海上霸權的歷史則讓葡萄牙人習於使用來自殖民地的香料，好比葡文稱之為piri piri的小辣椒和胡椒，多用於正餐菜色和鹹點中，糕餅甜點則廣泛採用肉桂和香草。葡萄牙人做菜也愛擺香藥草，只是比起其他南歐國家，用量相對少，最常見的是月桂葉、平葉歐芹和芫荽，整體風味以樸實見長。

　　另外，葡萄牙是歐洲最愛吃米飯的國度，這和葡萄牙帝國的殖民歷史亦有關，印度的果阿、馬來西亞的麻六甲和澳門，都曾是葡萄牙的殖民地，帝國在殖民統治食米地區時，發覺米飯的美味。葡式海鮮鍋飯（cataplana di pesce e riso）以烹煮器皿得名，做法和義大利燉飯（risotto）和西班牙什錦飯（paella）並不相同，飯的口感和質地介乎兩者之間。cataplana是一種傳統鍋具，像兩個寬口淺鍋上下扣在一起，一般用來烹煮海鮮，凡菜名中帶有此詞彙，意指用此鍋烹調，到葡萄牙旅遊，如果看到菜單上有cataplana菜色，值得一試。

　　除了強調精緻烹飪（fine dining）的高級餐廳外，一般餐館的菜量也走「豪邁」路線。一份主菜，肉給你一大塊，魚多半一整條或兩大塊；如

果你點的是炙烤沙丁魚，一口氣給你四、五條是常事，另外還附上米飯和煮馬鈴薯（或薯條），外加生菜沙拉。北部餐館供應的分量更大於南部，因此葡萄牙人上館子時，各人除了各來一碗湯或小點心外，每兩人合點一份主菜並不是奇怪或不禮貌的事。

　　精緻烹調雖非古老的傳統，不過比起阿公、阿嬤和老祖宗，新世代的葡萄牙人已較能接受異國風味的食物，樂於嘗試不恪守傳統的食譜和菜色。年輕一輩靠著上網和看電視烹飪節目，學習家常菜以外的新派烹飪，捧紅了好幾位明星大廚，好比在里斯本和波爾圖擁有數家餐館的艾維列斯。

　　在波爾圖和里斯本這兩大都會，還有南部因觀光業發達而相對富庶的地區，新近以來也有越來越多的餐館走精緻路線，不過因起步較晚，截至二〇一八年為止，葡萄牙仍無米其林三星餐廳，兩星的也只有五家，其中艾維列斯的Belcanto是里斯本唯一的兩星餐廳。

　　至於家庭烹飪，走的是「阿嬤的菜」路線，大鍋大盤大碗公，滋味單純，營養豐富，魚或肉、蔬菜與澱粉質主食一樣都不少，餐後還有自家烘製的甜點，常是加了很多雞蛋的蛋糕或米布丁。

葡萄牙的三餐

早餐（Pequeno almoço）

　　葡萄牙人並不特別重視早餐，早餐菜色以簡便為主，通常會有一杯熱飲，好比加了牛奶的咖啡，小孩則喝熱可可。當然也有人一早就喝冷飲，比方說優酪乳（酸奶）、果汁或冷牛奶。飲料之外，還會吃甜麵包、烤奶油吐司、果醬吐司或葡式蛋塔，想換口味吃點鹹的，就吃麵包夾乳酪、火腿，除此外少見他種鹹餡料。

午餐（almoço）

　　在工業化時代以前，午餐原是葡萄牙人日常三餐中最重要的一頓飯，然而如今週一至週五人們白天忙著上班上學，午休時間不像古早時代動輒三小時，哪有辦法天天回家吃午飯，午餐於是就簡化了。有人中午就簡單地喝一杯咖啡，吃餡料量足的夾餡麵包，好比葡式牛排三明治（prego no pão）。

　　倘若不肯將就，大多數餐館中午供應商業套餐，通常頗超值。如果是在都會商業地段，午間套餐多半有一客主菜加一份甜點、一杯葡萄酒或礦泉水和餐後咖啡，鄉鎮地區家庭餐館的午間套餐則可能還多了一碗湯（最常見的是甘藍湯），附送的酒不是一杯，而是一人至少四分之一公升，當然不可能是陳年佳釀，而是日常餐酒。

　　一到週末，情況就不同，許多家庭仍保有一家人週日上教堂望彌撒，然後聚在一起吃大餐的習慣。

　　首先上桌的通常是湯，葡萄牙人可愛喝湯了。按照華人口味，葡萄牙餐館裡的湯往往太鹹了，這除了是因為葡人飲食口味一般偏鹹，也可能是由於大多數華人喝湯就單純喝湯食料，不太拿來下飯。可是在葡萄牙，湯被當成一道「前菜」，清湯少見，多半是料足的濃湯，和麵包一起吃。不論是拿著麵包蘸湯汁吃，或一口湯一口麵包，多少都能沖淡鹹味。

「吃」完湯，家人共享的主菜來了，可能是大鍋煮或烤的鹹鱈魚菜餚、豆子燉肉或傳統葡萄牙雜煮（cozino à portuguesa）。連同上桌的，還有蔬菜、米飯或馬鈴薯，有時既有飯又有馬鈴薯。

最後，則以蛋糕、派餅等甜點，為這一頓週日家族午餐收尾，上桌的糕點很可能是自家老奶奶親手烘焙的。我的葡萄牙同學莉蓮曾告訴我，葡人熱愛各種甜品，烘焙糕餅幾乎是每一位成年的葡萄牙女性（和部分男士）的基本技能，差不多每一家都有代代相傳的糕點食譜，而且恐怕是每個人都覺得，吃來吃去，還是自家手工烘製的糕點最美味。

外頭的館子通常從中午十二點或十二點半到下午三點左右供應午餐，一點是熱門時段。

晚餐（janta）

由於社會型態的變化，現在有不少人晚餐吃得比午餐豐盛，在主菜上桌前，許多葡萄牙人喜歡吃點乳酪、燻腸或炸鱈魚球、三角餃等油炸點心，胃口大的人吃完開胃點心，還可以來份前菜，胃口小的則可直接跳到肉類或海鮮類主菜。接著下來是飯後甜點，也可能是乳酪。末了，再以一杯咖啡，有時連同一小杯助消化的烈酒或甜酒，給晚餐畫上句點。

另外，晚餐餐桌上通常有酒，葡萄牙平價酒選擇很多，葡萄酒根本是日常飲料，除了早餐外，成年人午、晚餐來上一、兩杯酒是司空見慣的事。這真讓我好奇，因為我很少在街上看到醉醺醺的人，是什麼基因讓葡萄牙人的酒量這麼好？

不連酒水，在一般小館用晚餐，平均一人不到二十歐元就能吃得很豐盛（里斯本遊客區則可能貴一點）。當然，如果去的是高檔乃至星級餐廳，吃的是精緻菜餚，又點了高價佳釀，一人花上數百歐元亦非難事。

餐館一般從晚上七點半或八點起供應晚餐至十點左右，但是在觀光客較多的地區，有些做遊客生意的店家七點就開始營業。晚餐熱門時段為八點以後。

葡萄牙外食小攻略

去哪裡吃

在葡萄牙上館子，以餐館型態為基準有好幾個選項。

自稱為「餐廳」（restaurante）的館子不一定代表高級，也未必特別貴，但是多半較注重裝潢，菜單和酒單可能較豐富多樣。如果想好好吃頓飯，而不只是填飽肚子了事，上餐廳較可能讓顧客有dining（用餐）而非「吃粗飽」的感覺。

tasca直譯是供旅客住宿和用餐的客棧，如今不見得有旅宿功能，常是賣酒賣菜的餐酒館。

一如大多數歐洲國家，葡萄牙的café和cafetaria並不是只賣咖啡和茶的咖啡館，也有小酒吧（bar）的功能，並且供應簡餐，如果是開在大都市且規模較大，菜色樣數之多，並不遜於小餐館。

cervejaria原意為啤酒館，現在則不只賣啤酒，也供應餐點和其他酒類，消費額通常不太高。然而，凡事必有例外，如果有預算考慮，入內用餐前最好先看一下門外貼的菜單。

adega為酒棧，店裡常有葡萄酒桶，氣氛輕鬆隨興，是給人大口吃飯喝酒的地方。

喜歡大口吃烤肉的，請注意churrasqueira這個詞彙，意指烤肉店，表示有碳烤菜色，以各種肉類為主。愛吃魚的，則可以上marisqueira（海鮮餐館），各色魚貝蝦蟹通常以重量計價。

倘若不打算在飲食上頭花太多時間和金錢，原意為「糕餅店」的pastelaria是個好選擇，尤其是對語言不通的旅客而言，因為所有鹹甜食物都展示在玻璃櫃裡，你只消伸個手朝想吃的東西比畫比畫即可。如果是炸雞排、炸鱈魚球、炸三角咖哩餃或酥皮肉派等鹹點，店家通常會替客人加熱，你想吃冷的當然也行。不少pastelaria除了汽水果汁和咖啡等不含酒精的軟性飲料外，也賣啤酒和烈酒等酒精飲料，價位低於餐廳和tasca。

chacutaria的字源來自法文的chacuterie，也就是熟食店，出售香腸火腿、乳酪和各種熟食，多半僅供外帶，有些則設有座位，可以內用。

manteigaria直譯為奶油店，如今除奶油和乳酪等乳製品外，常也賣各種香腸火腿和葡萄酒。里斯本有家咖啡店，名字就叫Manteigaria，然而幾乎人人都是衝著他家的蛋塔上門來，烘焙蛋塔畢竟會用到大量奶油。

到何處買

天天外食，有時難免膩味，倘若在異地有幸擁有自己的廚房，想要下廚享受自炊之樂，該去哪裡買食材？

最簡單的就是上超市（supermercado）。規模中等以上的超市除販售日用雜貨和生鮮食品外，常有「店中店」型態的肉舖（talho）、魚攤（peixaria）和販售冷肉乳酪的chacutaria，購物時請注意攤子附近有沒有抽號機，舖位上方有沒有跑馬燈號，如果有，請按所需抽號碼牌，耐心等候叫號。

Pingo Doce和Continente是較大的葡資連鎖超市，前者比後者更常見於都會區；Minipreço和Dia這兩家西班牙折扣連鎖超市，市占率亦佳。來自德國的Lidl和Aldi賣場大，價格低，但少見於遊客區。

在鄉間，還有一些商店自稱supermercado，其實更像小超商（minimercado）或雜貨店（mercearia），貨色樣數選擇容或不多，但該有的基本款也都不缺，好比我們在星辰山區（Serra da Estrela）小村隱居五天期間，食材、飲料和日常用品就全靠山村咖啡館兼酒吧附設的小超市供應。

超市和超商固然方便，但我最愛去的還是傳統市場（mercado），不但人情味遠勝超市，而且價錢公道，貨色更新鮮也更有季節感，真正是「價廉物美」。我曾在里斯本的市場跟菜販買了一顆茴香頭、一塊薑、一把平葉歐芹和六小顆馬鈴薯，一共只要一歐元，當時簡直以為自己聽錯了。勉強要說缺點的話，那就是傳統市場營業時間一般只到下午，不像超市那麼長。

里斯本的Mercado da Rebeira、波爾圖的Mercado do Bolhão和科英布拉的Mercado Municipal Dom Pedro V是我較喜歡的市場，前兩者單是興建於十九世紀的市場建築本身便值得一逛，市場的小吃街更是遊客品嚐道地葡萄牙飲食的好地方。科英布拉的市場雖是新建築，但因觀光客相對少，且有好些農家歐巴桑自己出來擺攤賣菜，因此最有市井生活氣味。

葡萄牙沒有白吃的麵包

不論是大餐廳還是家常小館，客人一點好菜，店家便會送上一籃麵包和一小盅漬橄欖，有時還附上乳酪、火腿或小點心，好讓客人開開胃。

請注意，這些東西並非隨餐免費附贈，就算一籃麵包你只取用了一塊，橄欖不過吃了兩顆，一樣要付couvert，也就是麵包橄欖費。

鄉鎮小店，一人可能只收一歐元上下；高檔餐廳，一人收三、四元不算少見；星級餐廳更可能高達七、八元，不過端上桌的就不會只是麵包和橄欖而已，常常還有精緻的開胃小點。

倘若有預算考慮，請注意菜單上couvert的價格，要是嫌貴或就是不愛吃麵包、橄欖，服務員一端過來，盡可以開口或以手勢表示不要，店家通常並不以為忤。如果桌上早就擺了麵包，在侍者前來替你點菜時，可以請對方收回仍未動過的麵包籃。

怎麼點餐

一如大多數的歐洲國家，在葡萄牙上稍具規模的館子，通常客人一就座，侍者或掌櫃便會前來詢問客人要喝點什麼。能喝上兩杯的人，可以點一杯葡萄酒、啤酒或調酒。如果滴酒不沾，基於不成文的禮俗，也最好點礦泉水或其他不含酒精的飲料。正如大多數西方國家，在葡萄牙，顧客在餐館用餐之餘，每人至少點一杯飲料，是一種禮貌。

假如是午間上館子吃飯，且店家供應兩菜連酒水的套餐，不妨就試試這個。套餐的菜色多半運用價廉物美的當令食材烹製，外地遊客正好趁機嚐嚐當季在地的滋味。在家常小館或簡餐廳，一套有酒有咖啡和麵包的超值午餐，只要六至八歐元左右。里斯本和波爾圖這兩個觀光大城價格稍高，但走出遊客區，一套九、十歐元有時也吃得到。

　　如果是晚餐時段，按照一般習慣，在客人點過飲料後，店家會送來菜單，有時會順便端來麵包籃和橄欖，你大可以慢悠悠地一邊喝著飲料、嚼著橄欖，一邊思考要吃什麼。

　　菜單通常分成幾大類別：前菜（entradas）、湯（sopas）、主菜（prato principal）、飯後甜點（sobremesa或postre）。如果你在主菜類別中看到有prato do dia這三個字，其意指「今日特色菜」，價位多半適中。另外，不少稍具規模的餐館，菜單分類較細，會將主菜區分成肉（carnes）、魚（peixes）和無肉的蔬食類（vegetariano）。

　　胃口大的人，可以前菜、主菜和甜點各點一道。倘若胃口一般，三選二便可；在家常小館，小鳥胃者可以只點一道主菜和一杯飲料。

　　請注意，有些餐廳在主菜部分會分成兩種價位，meia dose是半份，dose為一份，前者的價格比後者的一半高一點。這主要是由於葡萄牙餐館供應的菜量通常很大，餐館為了配合胃口不大的客人，就把主菜分成全份和半份兩種。除非你是大胃王，如果已點了前菜，建議主菜只要點半份。到家常小館用餐，且主菜並未區分成兩種份量，可以兩人各來一碗湯或前菜，再合點一份主菜，老闆通常並不介意。

給不給小費？怎麼給？

　　吃完飯，該埋單了。這年頭，在絕大多數歐洲國家，隔著好幾個桌子向服務人員揮手，口中還喊著「哈囉、哈囉」，並不算得體的行為，比較

合宜的做法是，舉頭觀望，趁侍者經過自己桌邊時，或對方眼神看向你這桌時，點點頭，做出「簽卡」的手勢和「埋單」的嘴型。可是在葡萄牙，用中文說「埋單」當然沒用。這時，你需要學會「阿控塔，波法握──A conta, por favor」。這短短一句葡萄牙語，意思就是「請給帳單」。

講出這一句，並順利拿到帳單，接下來便是不十分了解民情的遊客普遍有的大哉問：「該不該給小費？需要給多少？」

我四處打聽，得到的結論如下：

除了星級和高端消費的餐廳外，葡萄牙一般的餐館服務員，並沒有索取小費的習慣，不過由於這個國家的服務業薪資並不高，如果客人給適當的小費，他們還是很高興。高級館子不妨給消費總金額的百分之五到一成，如果是普通小館，以五為單位湊個整數，比方說，帳單金額是三十八歐元，給四十便可，若是四十二歐元，給到四十五元就行了。

然而，觀光區主客層為遊客的餐館，有些已習慣外國遊客給小費，如果一毛都沒給，不保證侍者不給你白眼。另外，有些餐館已主動在帳單上加了一成「服務費」（serviço），這時就不必再多給了。

至於到咖啡館和小酒吧喝飲料，不給小費無妨，但湊個整數，留個幾毛錢，掌櫃也很歡迎。

餐具名稱

吃洋餐，少不得刀子、叉子、湯匙。刀子叫做faca（法卡），叉子為garfo（嘎爾伏），需要匙子，請說colher（口利爾）。大多數餐館桌上不擺牙籤，非要不可的話，牙籤的葡文是palito（帕力塗）。

沒嚐過 bacalhau，
不算到過葡萄牙？

據說，葡萄牙起碼有三百六十五種鱈魚乾食譜，一年三百六十五天，葡萄牙家庭就算天天都吃bacalhau（發音近似「巴卡勞」，亦即港澳習稱的「馬介休」），都可以吃到不同的做法。不只一位葡萄牙人半正經半開玩笑地告訴我，遊客來到葡萄牙，除非茹素，否則千萬得嚐嚐看至少一樣bacalhau菜餚或點心，不然簡直就不算來過葡萄牙。

　　葡萄牙人產製風乾鹹鱈魚至少有五百年的歷史。事情可追溯至十五世紀末，歐洲探險家在北大西洋紐芬蘭發現富饒的漁場，葡萄牙船隻聞風紛紛北航捕鱈魚，撈捕到鮮魚後，運用鹽醃風乾技術製成便於長久保存的bacalhau。整個十六世紀，這一大片漁場可說是任葡萄牙漁船予取予求，後來葡國王室的野心轉向東方，捕鱈業才逐漸成為英國和西班牙的囊中物。

　　在冷藏技術尚未發明的時代，風乾鹹鱈魚耐貯藏、易運輸，價錢也不貴，平民百姓都吃得起。虔誠的天主教徒昔時每逢週五有守小齋的習俗，當天戒食熱血動物的肉類，只吃冷血的魚，自從有了貨源充足的鱈魚乾，篤信天主教的葡萄牙人週五就不愁無魚可食。

　　時至今日，葡萄牙進口鱈魚乾的數量在全世界仍是數一數二，消耗量亦名列前茅。就拿我在荷蘭的葡籍同學莉蓮來說，她自謙廚藝遠不及母親，可是連她也能烹調數十種鱈魚菜餚，煎炒煮炸加冷食沙拉，什麼做法

都有。莉蓮還說，葡萄牙人熱愛bacalhau至極，甚至稱之為fiel amigo，意即「忠實的朋友」。

然而話說回來，口味這事向來難有絕對客觀的標準，外地人對風乾鱈魚往往好惡兩極。愛之者稱其「鮮味十足」，覺得帶有纖維感的魚肉越嚼越有味；恨之者則以為哪兒有什麼鮮味，那因魚肉發酵而產生的氣味叫做腥味，不，根本是臭味。

我呢，屬於前者，縱使如此，我也得承認，尚未烹調的鱈魚乾的確有股腥臭味。我在葡萄牙逛超市時，經過魚攤常會嗅到濃重的腥氣，起初以為是魚不夠新鮮使然，可是怎麼可能每個魚攤氣味都不好聞？在葡萄牙超市要買新鮮的魚，有那麼困難嗎？

直到有一天，我在一家大超市的肉舖等候叫號買肉時，閒來無事東張西望，有一搭沒一搭地看著一旁魚攤的售貨員按照客人的要求，用特製的機器把乾硬的風乾鱈魚切成數段。隨著卡答卡答的斬切聲，一股比平時更濃更嗆的腥臭味撲鼻而來，說時遲那時快，我恍然大悟，我先前聞到的正是bacalhau的氣味，怪不得有那麼多人嫌它臭。然而，這麼難聞的魚乾怎麼會在經過處理並烹調以後，不悅的氣味就此消失，變成鮮味？這真是個令我這個饞人不解但快樂的謎啊。

風乾鹹鱈魚醃了重鹽，鹹得難以入口，一般得浸泡在清水中至少一整天（中途需換水好幾次），待魚乾漲發，肉變潔白，才能拿來做菜。葡萄牙的烹法雖然號稱多到數不清，其實大部分大同小異，遊客在餐館吃得到的，多半是「名菜」或當地特色做法。以下是較知名且餐館較常見的鱈魚乾菜餚：

◎Bacalhau à Bras——里斯本名菜，依創製者姓氏Bras而命名，據說源自上城區一家小館，如今全國各地都吃得到，簡單講，就是撕或切成小片的鱈魚加炸薯絲和炒蛋。

◎Bacalhau à Gomes de Sá——這道波爾圖名菜也是依創製者而命名，Gomes de Sá為上一世紀初餐廳名廚，菜的材料和Bacalhau à Bras差不多，只是蛋和馬鈴薯皆為水煮而非炒炸，且鱈魚乾多加了用牛奶浸泡去腥的工法，整體比較沒有那麼重口味。

◎Bacalhau à lagareiro——爐烤蒜油鱈魚，源自中部省份，加了大蒜洋蔥橄欖油烤，配烤馬鈴薯，盛盤後還會淋上更多的蒜味橄欖油。

◎Bacalhau com broa——做法和上面的蒜油鱈魚很像，但是魚塊上鋪了一層麵包屑，烤到表面酥脆。

◎Bacalhau com natas——直譯為奶油鱈魚，將處理過的鱈魚切或捏碎，和炸薯丁混合後加進奶油白醬，撒麵包屑焗烤。

◎Bacalhau com todos——鱈魚雜煮，todos原意「一切事物」，大致上就是水煮鹹鱈魚拌各種水煮蔬菜和水煮蛋。

◎Pastéis de bacalhau——鱈魚末混合馬鈴薯泥，塑成橄欖形油炸，類似可樂餅。

◎Meia-desfeita——源自中部鄰近里斯本的Estremadura地區。水煮鹹鱈魚拌山藜豆（chickpea）和切碎的煮蛋，加橄欖油、醋、洋蔥和蒜末調味，可冷食亦可溫熱著吃，夏日吃來十分爽口。

知食識飲A-Z

　　除了大都會和觀光區，葡萄牙的餐館通常僅有葡文菜單，尤其是少有觀光客上門的鄉鎮小館，可能連固定菜單也沒有，每天供應的菜色都手寫在紙上或黑板上，而掌櫃往往不會說英語（但有可能會一點點法語和西班牙語），偏偏這種館子最有意思，常是當地人的愛店，價廉物美。

　　記得我頭一次去葡萄牙旅遊時，上館子吃飯都要花很多時間點菜，因為我和約柏都看不懂葡文，只好用手機上網找翻譯app幫幫忙。如果連不上網路，就拿出老招數：手朝鄰桌的食物比畫比畫，意思是「人家吃什麼，我就吃什麼」。這招雖多半管用，但是等於交出自己的選擇權，並不見得能吃到自己愛吃或好奇的東西，而我是多麼熱愛且樂意嘗試不同食物的人哪！

　　於是痛定思痛，努力K起葡文的餐飲詞彙，眼下雖然會講的葡萄牙語還是就那麼幾句，但是去餐館看菜單點菜，大致上已難不倒我了。

　　有句陳腔濫調說：「好東西要跟好朋友分享」，為了省卻大夥上餐館、逛市場時因語言不通而遭到的困擾，我整理了與飲食相關的常用葡文詞彙，包含食材名、常見烹法和菜名等，依英文字母A-Z排序，如下：

A

abacaxi：又名ananás，就是也叫做菠蘿的鳳梨。

abóbora：南瓜，葡萄牙人多半用來煮湯或做甜點。

açorda：湯泡麵包，用高湯或菜湯來浸泡乾硬的陳麵包，質地略似粥，在若干家常小館中吃得到的海鮮泡麵包（açorda de marisco）即為一例。

açúcar：糖。

agrião：水田芥，其實就是粵菜中常用來煮湯的「西洋菜」，葡萄牙人多半用來做湯品，比方Soupa de agrião，是以胡蘿蔔和馬鈴薯（或南瓜）為濃湯底，起鍋前才放入西洋菜。

água：水，氣泡水為água mineral com gás，無氣泡是sem gás。

águadente：直譯「滾燙的水」，其實是酒精度不小的燒酒，類似義大利的grappa。

aipo：芹菜。

alecrim：又名rosmaninho，迷迭香。

aletria：有兩個意思，一是指一種極細的麵條，另一則指用此麵做的甜點，做法類似米布丁。

alface：萵苣，最常見到的是捲葉萵苣（alface frisada）。

alheira：猶太燻腸，餡料有豬肉以外的肉和麵包，以雞肉腸最常見。

alho：蒜頭，葡萄牙人非常愛吃大蒜。

almôndega：肉丸，多半只用豬絞肉，葡式蔥番茄肉丸一般配米飯或義大利直麵，麵條往往煮得很軟。

alperce：杏桃。

amêijoas：蛤蜊，海鮮餐廳常有的amêijos à bulhão pato是檸檬大蒜芫荽燜蛤蜊；amêijos na cataplana直譯為鍋燒蛤蜊，裡頭加了火腿、辣香腸、番茄、紅椒和辣醬，口味較重。不論哪一種，吃完了蛤肉，醬汁也不要錯過，用來蘸麵包可香了。

amêndoa：杏仁應是葡萄牙人最愛用於烹飪和烘焙的堅果，常見於糕餅。

ameixa：李子。

arroz：米飯，粳米比秈米更受葡人喜愛。arroz de marisco類似海鮮燉飯（有蝦和貝類，無魚），比較濕潤；arroz de pato為鴨肉飯，較乾。較普遍的還有arroz malandrinho（蔬菜燉飯）、arroz de peixe（加了魚肉的海鮮燉飯）、我很愛吃的arroz de polvo（章魚燉飯）；北部的arroz de sarrabulho是豬血豬肉和豬肝燉飯，非常重口味。arroz doce則是甜點米布丁。

assado：烤。

atum：金槍魚，即鮪魚。

aves：禽肉的總稱。

azeite：橄欖油。

azeitonas：橄欖。

bacalhau：風乾鹹鱈魚，港澳稱之為「馬介休」。

batata：馬鈴薯，烹法多半為烤、水煮或搗碎成薯泥（puré de batata，簡稱puré）。

bebida：泛指飲料。

berbigão：鳥蛤。

beterraba：甜菜頭。

bife：各種肉排，不限牛排。

bifana：豬腿肉排。

bica：濃縮咖啡，里斯本通用的說法。

bitoque：小塊的炙烤豬排或牛排，上面通常蓋著一顆煎荷包蛋。

bolach：甜餅乾，如果是手工製作帶厚度的甜餅，則叫做biscoito。

bolinhos de bacalhau：炸鱈魚馬鈴薯球。

bolo：蛋糕，個頭較小的蛋糕如杯子蛋糕或馬芬鬆餅，則為bolinho。

borrego：羔羊肉。

brasa：燒烤，另一說法為grelhado。遊客必吃的烤沙丁魚，葡文即是sardinhas na brasa或sardinhas assada na brasa。

broa：葡式玉米麵包。

burrié：濱螺。

búzio：海螺。

cabidelo：雞血燉飯，又稱arroz de cabidelo，加了雞血一起煮的燉飯，通常也加雞肉。

cacau：可可。

café：咖啡。

caldeirada：番茄魚羹，漁村菜，類似法國的馬賽魚羹，用哪幾種魚和海鮮不一定，視當地海域漁產而定。

caldo verde：用綠葉甘藍、馬鈴薯加一點燻腸煮的甘藍湯，起源於葡萄牙北部，而今幾已成葡萄牙的「國湯」，為旅外葡萄牙人鄉愁之所寄。

camarão：小蝦。

canela：肉桂，是葡萄牙糕點最常用的香料。有些人會以肉桂條取代茶匙來攪拌咖啡。

canja：雞湯，往往還會加少許麵條或白米一起煮。

caracóis：田螺，亦即蝸牛。

caranguejo：螃蟹。

carne：泛指各種肉類，葡萄牙人最愛吃豬肉（carne de porco），其次是牛肉（carne de vaca），雞鴨羊和兔肉也常見。Costeleta意指肉片，lombo為里肌部位，pá是肩胛肉，entrecosto為肋排，entremeada則是豬五花肉。Carne de cabrito是小山羊肉；養大後才宰殺的山羊肉則為carne de cabra。

carne de porco à alentejana：蛤蜊燉紅椒豬肉馬鈴薯。

castanha：栗子。

cataplana：葡萄牙傳統鍋具，一般用來烹煮海鮮，凡菜名中帶有此詞彙，意指用此鍋烹調。

cavala：鯖魚。

cebola：洋蔥。

cenoura：胡蘿蔔。

centeio：黑麥。

cereja：櫻桃。

cerveja：啤酒（指的是像台啤這樣的拉格啤酒），cerveja preta是黑啤酒。五百毫升大杯容量叫caneca，如果點啤酒時不特別說明，店家一般會端給客人二百毫升的小杯啤酒，在波爾圖和北部地區稱為fino，里斯本和南部地區則叫做imperial。

chá：茶。紅茶叫做chá preto，綠茶是chá verde。

chamuça：油炸三角咖哩餃，顯現葡萄牙曾殖民統治印度果阿的歷史背景。

chanfana：紅酒燉羊肉。

chicória：苦苣。

choco：墨魚，俗稱花枝，choco frito是炸花枝。chocos com tinta則是用花枝本身的墨汁來燉花枝。

chouriço：紅椒豬肉燻腸，也是最常見的葡式香腸。加了豬血的燻腸為chouriço de sangue（sangue意即血），chouriço doce是摻了蜂蜜的血腸。

coelho：兔子。

coentro：芫荽。

cogumelo：洋菇。

colher：湯匙。

comida：食物。

couve：甘藍，亦即捲心菜。

cozino：水煮。有一道葡萄牙代表性菜色叫cozino à portuguesa，或可譯成「葡萄牙雜煮」，做法為各種肉和香腸加上馬鈴薯、胡蘿蔔、蕪菁、甘藍和四季豆等蔬菜，加水燉煮成一大鍋。

couvert：麵包橄欖費。

D

dióspiro：柿子。

doce：甜，也有「果醬」之意。

dose：分量。除了標榜精緻烹調的高檔餐廳，葡萄牙餐館的餐食分量頗大，尤其是北部地區。有些餐館在菜單上會註明meia dose（半份），胃口一般者點半份恰恰好。

dourada：原意為「金黃」，也用來稱呼東大西洋盛產的金頭鯛和若干油炸菜餚。

E

ementa：菜單。ementa turistica則是遊客套餐，滋味多半平庸，除非別無選擇，否則別點為妙。

enchido：各種香腸的總稱。

ervilhas：豌豆，亦即青豆。

espadarte：旗魚。

esparregado：菜泥，菠菜泥或蘿蔔葉泥最常見。

espargo：蘆筍。

espinafres：菠菜。

F

faca：刀子。

farinha：麵粉。

farinheira：沒有肉的燻腸，內餡是豬油香料麵糰。

favas：蠶豆，favas com enchidos是香腸燉蠶豆。

feijão：豆子的總稱，葡萄牙菜中大量採用豆子為材料，比方豬肉燉豆（feijoada à transmontana）就是東北山區代表菜色。

fiambre：熟火腿，也就是俗稱的洋火腿。

fígado：肝，一般是豬肝或小牛肝。

figo：無花果。

francesinha：小法國三明治。

frango：養了數週就宰殺的雞，養大才宰的母雞則是ganlinha。

frango no churrasco：烤雞。

freitas douradas：蘸上牛奶蛋汁油炸的麵包片，類似法國吐司。

frio：冷。

frito：炸。

fruta：水果，但frutos do mar指的是海鮮。

fumado：燻。

G

galão：大杯的牛奶咖啡。

gamba：大蝦。

garfo：叉子。

garoto：小杯的牛奶咖啡。

gaspacho：冷湯。

gelado：冰淇淋。

geleia：果凍。

gengibre：薑。

ginja：酸櫻桃，也指浸泡了酸櫻桃的甜燒酒。

gratinado：焗烤。

grelos：蘿蔔葉。

guisado：燉。

H

hortelá：薄荷。

I

icas com elas：白葡萄酒燴豬肝，通常配水煮馬鈴薯。

J

jaquinzinhos fritos：炸小竹筴魚，下酒好菜。

javali：山豬肉。

L

lagareiro：加了蒜頭和橄欖油進烤箱烤的菜餚，如bacalhau à lagareiro（爐烤蒜油鹹鱈魚）。

lagosta：龍蝦。

lagostim：海螯蝦，俗稱小龍蝦。

lanche：正餐之間的點心。

laranja：柳橙。

legumes：蔬菜的總稱。

leitao：烤乳豬。

leite：奶。leite crème為葡式烤布蕾，蛋黃用得更多。

limáo：檸檬。

linguado：舌鰨，又稱皇帝魚、龍脷魚。

línguas de bacalhau：直譯為「鱈魚舌」，是切成長條、蘸麵糊油炸的鹹鱈魚。

lingueiráo：竹蟶。

linguiça：細長且較辣的紅椒豬肉燻腸。

lula：烏賊或魷魚。

M

maça：蘋果。

manteiga：牛油。

marisco：甲殼類和貝類海鮮。

mexiháo：淡菜。

marmelada：溫桲果醬。

marmelo：溫桲，又稱木梨，模樣肖似蘋果。

massa：麵條或麵糰。

meia desfeita：山藜豆鹹鱈魚沙拉。

mel：蜂蜜，mel de cana則是蔗糖蜜。

meláo：甜瓜。

migas：炒麵包屑，大致上是將乾硬的陳麵包切碎並泡軟後，加油、蒜和其他材料炒。

milho：玉米。

morango：草莓。

morcela：有點像台灣的豬血糕，有孜然味。

mostarda：芥末。

N

natas：鮮奶油。

no forno：爐烤，比方爐烤豬腿（pernil no forno）。

novilho：小牛肉。

O

orelhas de porco de coentrada：豬耳朵沙拉，煮豬耳朵拌芫荽和洋蔥。

ostra：牡蠣。

ovo：蛋。

P

pão：麵包。全麥麵包為pãointegral，長方形的吐司麵包叫做pão de forma。小吃店和糕餅店常有的pão com chouriço則是包了燻腸的有餡麵包；torradas是烤吐司。Pão de ló則是甜的海綿蛋糕。

pastel：泛指麵餃、派和塔類的糕點，有甜有鹹。比如pastel de bacalhau（炸鹹鱈魚薯餅）；pastel de massa tenra（炸肉餃）和葡萄牙最出名的甜點——葡式蛋塔（pastel de nata）。

pastelaria：糕餅店。

pata negra：伊比利黑豬肉風乾火腿。

pato：鴨肉。

peixe：魚。

pêra bêbeda：直譯醉梨，就是香料葡萄酒煮梨。

perca：河鱸。

peru：火雞。

pêssego：桃子。

petingas fritas：炸小沙丁魚。

petiscos：小菜，類似西班牙tapas。常見菜色有炸鱈魚麵餅（pataniscas）、炸四季豆（peixinhos da horta）、魚蛋沙拉（salada de ovas）、章魚沙拉（salada de polvo）、炸半月餃（rissóis）。

picante：辣。

pica-pau：直譯為啄木鳥，其實是啤酒燉牛肉或豬肉丁，通常以牙籤取用，故得名。

pimenta：辣椒，但pimenta preta是黑胡椒。

pimentão：彩椒，另一說法為pimento。

pingo：只加了一點點牛奶的濃縮咖啡，亦稱pingado。

pipis：雞下水沙拉。

piri piri：原指極辣的小辣椒，但如今泛指辣椒醬或辣椒油。

polvo：章魚。

porco：豬。porco preto是伊比利黑豬。

postre：餐後甜點。

prego no páo：牛排三明治。

presunto：風乾火腿，南部火腿通常不燻，北部則多為風乾燻火腿。

pudim：布丁。

Q

queijadas：葡式乳酪塔，辛特拉的queijadas de Sintra外皮脆，是特色土產。

queijo：乳酪。

quente：熱。

R

refrigerante：泛指不含酒精的冷飲。

requeijão：葡式乳清乳酪，類似義大利ricotta乳酪。

robalo：海鱸魚。

S

sal：鹽。

salada：沙拉，多半當成配菜，一般有兩種——青蔬沙拉（verde）和綜合沙拉（mista），前者只有萵苣生菜和洋蔥，後者多加了番茄，有時還有烤彩椒。葡萄牙沒有千島醬、和風醬那些的，沙拉通常僅簡單拌上橄欖油和醋。

salmáo：鮭魚。

salsa：歐芹，以又稱義大利香芹的平葉種居多。

salsicha：新鮮香腸。

sandes：三明治。

sardinha：沙丁魚。

sarrabulho：豬血燉紅酒豬肉，豬肉用紅酒和香料醃過，加豬血燉，是葡萄牙北方菜，南方少見。

seco：英文的dry，直譯為「乾」，指不甜的葡萄酒。

serviço：服務費。

sopa：湯。

sopremessa：亦指餐後甜點。

sumo：果汁。

T

tomate：番茄。

torresmos：炸豬皮或豬油渣。

torricado：烤大蒜橄欖油麵包。

tosta：烤三明治，tosta mista意指內餡既有乳酪也有火腿。

tripas：牛肚，南葡稱之為dobrada。

truta：鱒魚。

U

uva：葡萄。

V

vinagre：醋。

vinho：葡萄酒，除了紅酒（vinho tinto）、白酒（vinho branco）、粉紅酒（vinho rosé）和氣泡酒（espumante）外，北葡還有微帶氣泡的綠酒（vinho verde）。如果你只要點一杯（copo），請說um copo de vinho, por favor，要一瓶（garrafa）為uma garrafa de vinho，半瓶則是meia garrafa。

vitela：小牛肉。

手 作 道 地 ✕ 葡 萄 牙 料 理

葡 式 香 辣 蝦

四人份主菜、六人份前菜

攝影 © 李邠如

此菜原名 Camarão à moçambique，直譯為「莫三比克蝦」，卻是葡萄牙餐館的常見菜色。之所以有莫三比克之名，是由於菜中放了piri piri 一原生於非洲東南部的小辣椒，葡萄牙人當年正是在殖民地莫三比克發現這種辣椒，將之帶回母國，隨後引入印度。可以說，葡式香辣蝦反映著全球交流史的一部分，而我們嚐到的那香辣味道或也是歷史的滋味。

材料：

草蝦或白秋蝦（帶殼帶頭約900公克）、洋蔥（小）一顆、蒜頭3-4瓣、橄欖油一大匙半、牛油一小塊、白葡萄酒或啤酒一杯、辣椒醬或乾辣椒適量、匈牙利紅椒粉、番紅花絲或粉（買不到可省）、鹽和胡椒、歐芹末或芫荽末

做法：

1. 蝦子去頭去殼（蝦頭和殼可留下熬高湯），去腸泥。洋蔥和蒜分別切碎。
2. 橄欖油中小火炒洋蔥末約兩分鐘後加蒜末再炒半分鐘，至洋蔥半透明並傳出香味但未焦。
3. 加進辣椒醬或乾辣椒、紅椒粉、番紅花，拌炒一會兒，淋入酒，煮開後，轉中大火收汁約兩分鐘。
4. 蝦子和牛油下鍋，轉中火，煮至蝦肉熟，加鹽和胡椒調味，熄火，撒歐芹或芫荽末即可，配白飯或歐式麵包吃。

後記

　　書寫多年，也出版了不少本書，始終認為一本書得以和讀友在茫茫人生中相會，從來都是眾人努力的成果，而絕不只是作者個人的心血而已。

　　這本書能夠面市，我忝為書寫者，必須感謝許多人，包括在三度葡萄牙之旅中曾伸出援手的陌生人、我的最佳攝影師Job Honig，還有「皇冠文化」為本書貢獻心力的所有編輯、行銷企劃和發行業務部門夥伴（特別是張懿祥、許婷婷、李邠如、王瓊瑤）。

　　我更要謝謝米力、李欣芸、李清志、李烈、易智言、許悔之、張鐵志、焦元浦、路嘉欣、蔡珠兒這十位在不同領域都是佼佼者的朋友。感謝他們相信我，願意推薦這本書。

　　寫作之於我，始終是一種分享，就好像吃到好吃的東西，會想自己動手做做看，端給親朋好友品嘗一番。對方若覺得美味，我當然歡喜；倘若不愛，那或是我手藝不夠好，也可能就只是這食物不合親友口味而已。然而適口者珍，就算有人惡之，也無損於此物在嗜之者心目中的價值。

　　這本書亦如是，但願我已寫出居遊葡萄牙的種種美好，更希望我心中的美好，恰好也正是你所嚮往的那種美好。

國家圖書館出版品預行編目資料

浮生・半日・里斯本／韓良憶 著.-- 初版.--
臺北市：皇冠，2018.5 面；公分.--
（皇冠叢書；第4692種）(Party；081)

ISBN 978-957-33-3376-0（平裝）

1. 遊記 2. 葡萄牙里斯本

746.2719　　　　　　　　　　107006028

皇冠叢書第4692種

PARTY 81

浮生・半日・里斯本

作　　者—韓良憶
發 行 人—平雲
出版發行—皇冠文化出版有限公司
　　　　　台北市敦化北路120巷50號
　　　　　電話◎ 02-27168888
　　　　　郵撥帳號◎ 15261516號
　　　　　皇冠出版社 (香港) 有限公司
　　　　　香港上環文咸東街50號寶恒商業中心
　　　　　23樓2301-3室
　　　　　電話◎ 2529-1778　傳真◎ 2527-0904
總 編 輯—龔橞甄
責任主編—許婷婷
責任編輯—張懿祥
美術設計—王瓊瑤
著作完成日期— 2018年2月
初版一刷日期— 2018年5月
初版二刷日期— 2019年7月
法律顧問—王惠光律師
有著作權 • 翻印必究
如有破損或裝訂錯誤，請寄回本社更換
讀者服務傳真專線◎ 02-27150507
電腦編號◎ 408081
ISBN◎ 978-957-33-3376-0
Printed in Taiwan
本書定價◎新台幣380元 / 港幣127元

● 皇冠讀樂網：www.crown.com.tw
● 皇冠 Facebook：www.facebook.com/crownbook
● 皇冠 Instagram：www.instagram.com/crownbook1954
● 小王子的編輯夢：crownbook.pixnet.net/blog